校园辅导员工作丛书

教师如何帮助学生预防和矫治学习困难

本书编写组◎编

世界图书出版公司
广州·北京·上海·西安

图书在版编目（CIP）数据

教师如何帮助学生预防和矫治学习困难 /《教师如何帮助学生预防和矫治学习困难》编写组编．—广州：世界图书出版广东有限公司，2011．3（2024.2 重印）

ISBN 978－7－5100－3349－0

Ⅰ．①教… Ⅱ．①教… Ⅲ．①学习困难－教学法 Ⅳ．①G442

中国版本图书馆 CIP 数据核字（2011）第 036092 号

书　　名	教师如何帮助学生预防和矫治学习困难 JIAOSHI RUHE BANGZHU XUESHENG YUFANG HE JIAOZHI XUEXI KUNNAN
编　　者	《教师如何帮助学生预防和矫治学习困难》编写组
责任编辑	康琬娟
装帧设计	三棵树设计工作组
出版发行	世界图书出版有限公司　世界图书出版广东有限公司
地　　址	广州市海珠区新港西路大江冲 25 号
邮　　编	510300
电　　话	020-84452179
网　　址	http://www.gdst.com.cn
邮　　箱	wpc_gdst@163.com
经　　销	新华书店
印　　刷	唐山富达印务有限公司
开　　本	787mm × 1092mm　1/16
印　　张	11.75
字　　数	160 千字
版　　次	2011 年 3 月第 1 版　2024 年 2 月第 4 次印刷
国际书号	ISBN　978-7-5100-3349-0
定　　价	59.80 元

“校园辅导员工作”丛书编委会

序　言

学生就像一颗小树苗，他的成长需要有人去全面周到地悉心照料。只有这样，才能挺拔健壮地向上生长。一个孩子如果在成长期间不加以扶植培养，就避免不了的会迷失方向、扭曲变形。所以，对学生，尤其是世界观、价值观并没有完全良好建立的青少年来说，是万万不能离开教师的辅导工作的。

辅导工作是教师针对学生出现的学习和生活中的问题所开展的干预和矫正工作。一个学生如果只有优异的成绩，但是思想、认知、生活能力和社会能力很差的话，他也不可能在这个社会上立足，至少不能称其为完善的人。现在的社会需要全面发展的人，我们教育的目的，也是要教育出高素质、高能力的人，所以，辅导员的角色尤其重要。

校园辅导员的工作主要分为心理辅导和学习辅导两大类。

心理辅导是指辅导员与受辅导学生之间建立一种具有咨询功能的融洽关系，以帮助学生正确认识自己，接纳自己，进而欣赏自己，并克服成长中的障碍，改变自己的不良意识和倾向，充分发挥个人潜能，迈向自我现实的过程。过去，心理辅导的工作一般由班主任来实行，现在由于教育改革的不断深入和教育思想的不断提升，许多学校还配置了专门的心理辅导室和专职的心理辅导教师。心理辅导工作逐步迈向科学化、系统化。

学习辅导是教师对学生学习方面实施的辅导，包括学习态度、学习能力和学习方法等内容。学习是学生平时在学校最主要的活动，同样是学校的重点任务。我们看到，学习辅导从过去的传授知识到现在的能力培养，有了一个很大的提升。所谓授之以鱼不如授之以渔，学生通过学习辅导，得到的是能力上的收获。同样，这个转变也是对教师的一个很大的考验。

为了帮助广大辅导员提高，我们特组织编写了“校园辅导员工作”系列丛书，旨在为辅导员提供一些理论知识，并解决他们在工作中遇到的问题，更好的开展辅导工作。本丛书包括：《小学心理辅导教师工作指南》《中学心理辅导教师工作指南》《如何进行中小学团体心理辅导》《教师如何帮助孩子走出厌学的误区》《教师如何帮助学生预防和矫治学习困难》《教师如何帮助孩子爱上学习》。其中前三本是心理辅导的内容，系统讲解中小学心理辅导，并将现在很热门的团体心理辅导单列成册，希望能对各位辅导员有所帮助。后三本是学习辅导的内容，主要就学生遇到的主要学习障碍与学习问题，进行讲解，使得辅导员的辅导工作能够更加有的放矢。

本丛书的特色主要是将理论与案例很好地结合在一起，使得知识理解起来没有那么枯燥，在内容上又能完全符合新课程改革的需要。本套丛书可以作为广大辅导员进行集中培训的教材，也可作为各位老师自行阅读的读物。

由于辅导工作仍处于不断发展中，再加上我们的视角有限，不可能全面概括和解决所有问题。所以在编写的过程中难免出现错误，我们希望广大教师、专家、学者在阅读中发现问题，及时告诉我们，我们将努力改正，不胜感谢。

前　　言

学生通过学习获得成长，通过学习掌握社会规范，成为合格的社会成员，通过学习掌握知识，获得智力的发展。在这个通过不断学习来获取各种知识、经验和技能的过程中，学生也实现了自己的社会化。然而，并不是每一位学生都能顺利、圆满地完成学习的任务，很多学生都出现了学习困难；作为教师，则要对学生学习困难的原因进行分析、诊断，并采取专门的方法、手段和措施来对帮助学生预防和矫治学习困难。

出现在学生身上的学习困难，已经成为学生、教师、家长和医学工作者共同关注的一个问题，许多人都会问这样的问题：为什么学生会出现学习困难？哪些原因导致学生学习困难？面对学习困难的学生应该怎么办？可以采取哪些措施来预防学习困难的发生？本书就是主要围绕这些问题进行阐述，试图为教师提供相关疑惑的答案和解决问题的办法。需要说明的是，学习困难不仅仅涉及教师和学生两者，其他人员和因素也都和学生的学习困难有关，尤其是家长扮演着非常重要的角色，这不仅是指在学生学习困难的形成原因上；学习困难的诊断、矫治以及预防都离不开家长在其中发挥作用。也就是说，在谈论帮助学生预防和矫治学习困难的问题上，想要避开家长而只谈教师的行动，这是绝无可能实现的任务。实际上，本书也是以教师可以采取的行动为主，并辅以家长和其他社会因素的作用，来探讨帮助学生走出学习困难的方法。

本书分为五章。第一章对学习困难进行了综述，介绍了学习和学习困难的含义，并对学生学习困难的表现、影响因素和诊断方法进行了说明。第二章介绍了几种常见的学生心理行为障碍，通过对这些心理行为障碍的分析，得出其与学生学习困难的联系并给出了相应的治疗建议。第三章针对学习困难学生的教育方法进行了重点介绍，突出强调了个别化教学、教育匹配、具体能力训练、情商训练对学习困难学生的作用。第四章在前一章的基础上，指出全纳教育对学习困难学生的重要性，并具体讲解了一些矫治学习困难的方法，具体较强的可操作性。第五章主要是从预防学习困难的角度，谈了对学习困难的早期干预手段和注意事项，特别指出了学习困难的干预需要学校、家庭和社区的共同努力才能最终实现。

帮助学生预防和矫治学习困难，涉及教育学、心理学、神经生理学、社会学、医学等许多领域。限于篇幅和编者水平有限，本书并未能穷尽学习困难的方方面面，对于学习困难的预防和矫治方法也可能有所欠缺，望读者谅解，并不吝批评指正。

编　者

Contents 目录

第一章　学习困难概述

在现实生活中，我们经常听到教师或家长对学生进行抱怨，他们抱怨学生学习不努力，上课时小动作太多，爱讲话，不能集中注意力听讲，回家不能按时完成作业，写作业比其他学生多用好几倍的时间，而且必须要有人陪伴在旁边。

面对这种情况，许多人认为这些不良表现是学习动机不强，态度不端正，性格懒惰造成的。实际上，教师或家长可能冤枉了学生，出现这种现象并非总是由于存在动机和态度问题，而可能是学生的学习能力出了问题，也就是存在学习困难。

第一节　学习与学习困难

不同的人对学习可能给出不同的定义，学生会说，学习就是天天去学校听老师讲课，然后回家写作业；家长会说，学习就是送孩子去上学；教师会说，学习就是将教学任务按照计划进行实施，完成教的过程，也就是学生学的过程。另外有些人也会说，学习就是掌握新的知识和技巧，可谓各执一词，那么，到底什么是学习呢？

一、学习的含义

一般认为，学习是指人和动物因经验引起的倾向或能力相对持久的变化过程，这些变化不是因为成熟、疾病或药物引起的，也不一定表现出外显的行为。这个定义中表明学习有三个特点：第一，主体必须发生一定的变化，比如，儿童从不会用筷子吃饭到学会用筷子吃饭；第二，这种变化是相对持久保持的，因为药物、疾病等因素导致的暂时的变化不能称之为学习；第三，主体的变化是因为他与环境的相互作用而产生的，也就是说是后天学习到的，必须排除由于成熟或先天的反应倾向而导致的变化。

从本质上说，学习就是人的内在能力、思想和情感的变化。从社会活动的角度来看，学习是人类个体在认识与实践过程中获取经验和知识、掌握客观规律，使身心获得发展的社会活动。而学生的学习活动，是人类学习活动中最基本的一个组成部分。

二、学习能力

俗话说，“授人鱼，不如授人以渔”。这句话的意思是说，教育过程中，最重要的是教会学生学习的方法，学会学习，培养学习能力。那什么叫做学习能力呢？说简单一点，学习能力就是在环境和教育的影响下形成的、概括化了的经验，它直接决定了人在进行学习活动时的成效，决定了学习活动的成功概率。

对于学生来说，最基本的学习能力就是听、说、读、写、计算、思考等学习课业的能力。婴儿从脱离母体开始就开始了一生的学习历程，通过学习来适应环境，获得发展。适应程度的好坏就取决于个体学习能力的强弱，学生的学习能力经历了一个发展的过程。如果学生缺乏学习能力，则会在成长中遭受困难，影响发展过程。

三、学习对人的发展的作用

从学习的本质特点来看，个体的学习过程就是个体与环境相互作用的过程，也是个体适应社会的过程。学习决定个人发展的最终结果。

我们可以把人的发展区分为两个内容：身体的发展和心理的发展。身体的发展主要由遗传、营养、物理环境等因素决定。在现代社会中，由于生命科学以及医学等相关学科的发展和进步，促进个体身体的良好发展并不是一个难题，所以在这里，我们主要讨论学习与心理发展的关系。

在现代信息化的社会，人的心理素质决定了人的最终发展。心理的发展主要包括认知能力的发展和社会性的发展，用另外的话来说，就是智力和性格的发展。

首先，我们来看看学生认知能力的发展。什么叫做认知呢？学生成长中的一个重要任务是逐渐认识周围的世界，这种认识世界的能力的发展过程也叫做认知发展。认知是一个广泛意义上的综合概念，是指个体在知识的获得和加工过程中表现出来的感知、注意、记忆和思维等心理

活动或行为。学校教师承担了促进学生认知发展的主要任务。

青少年的认知发展主要是通过学校学习完成的，发展结果的好坏评价是通过学业成绩来体现的。如果学生学习成绩好，在升学考试中取得成功，那么就可能接受更高层次的教育，在未来就可能取得更高的成就。虽然个体接受高等教育并不保证一定会成功，但是没有接受高等教育就不太可能取得成功。就目前一般情况来说，学历水平是跨入好的行业、获得好工作的门槛。

其次，我们来分析学生社会性的发展，即学生性格形成的过程。社会心理学家把这个过程叫做社会化，是个体通过和社会的相互作用，通过学习社会规范，成为合格的社会成员的过程。用通俗的话来说，也就是个体学会为人处事的过程。婴儿刚刚出生时是一个纯生物性、基本上不具备社会性的个体，他们只知道满足自己的吃喝拉撒的基本需求，是不懂得社会规范的，在饿的时候随时哭泣，在想拉屎、撒尿时毫不会自我克制。在成长的过程中，他们慢慢懂得不能随地大小便、吃饭时不能用手随便拿东西等社会规范。学生是如何掌握这些社会规范的呢？答案是通过学习掌握的。

儿童心理学家通过对儿童社会性发展的研究发现，儿童的社会化过程基本上是沿着以下两种途径进行的。

在生命早期，儿童基本上都是在家里度过的，通过家庭成员特别是父母的抚养和教育，儿童逐渐学习各种基本的知识和生活技能。家庭对儿童性格的发展起着关键作用。父母对儿童性格的发展主要通过两种方式进行：第一，儿童主要通过模仿学习，父母是儿童的主要模仿对象；第二，儿童最初没有是非对错的观念，外界信息和儿童自身行为的评价主要靠父母传递意义，儿童在这个过程中理解社会规范，并学习遵守社会规范。

随着年龄的增长，心理发展的成熟，儿童的依恋对象从单一开始变得多元，儿童逐渐疏远父母而建立起自己的朋友关系。在和朋友相处的过程中，儿童要学习新的人际规则，学习和父母交往时不一样的交往方式，例如，孩子对着父母发脾气或有些过激行为，父母并不会抛弃孩子。

但是，如果孩子用这种方式对待小伙伴，就可能会遭到小伙伴的拒绝。儿童建立新的人际关系的过程，也是一个学习社会人际交往规范的过程。

儿童主要是通过与父母、教师、朋友的相互作用过程中，学习社会规范，成为一个社会成员的。当然，不是每个个体都能成功地完成社会化的过程，成为一个合格的社会成员。如果个体不能良好地掌握社会规范，就可能出现犯罪行为。如果个体不能良好地掌握人际交往的规则，就可能出现人际交往的困难。

整体来说，人的一生就是一个不断学习的过程。学生需要通过学习来掌握社会规范，通过学校学习来促进智力的发展。成人需要通过学习来承担相应的工作任务。学习能力的强弱决定了个体一生的发展。出现在学生中间的学习困难，无疑会严重影响学生的发展。

四、学习困难

学习困难是指智力基本正常的学龄期儿童学业成绩明显落后的一类综合征。一般是指有适当学习机会的学龄期儿童，由于环境、心理和素质等方面的问题，致使学习技能的获得或发展出现障碍。表现为经常性的学业成绩不良或因此而留级。狭义的学习困难儿童一般无智力缺陷，智商在 70 分以上。

学习困难的概念源于教育学，最初注意到的是儿童的智力问题。后来，精神医学、教育学、心理学专家们从各自的专业角度对儿童学习困难进行了大量的研究。常见的同义词有：学习困难、学习无能、学习障碍、学习技能发育障碍等。

学生学习困难的发病率在不同的文化背景、社会环境和教育条件下存在着差异，并且受所采取的标准和定义、研究方法的影响。据国外统计，约 20% 的学生在学校学习期间发生学习困难。我国学者的相关统计结果为，学生学习困难在学生中的发生率为 6.5% ~17.8%，男明显多于女，比例约为 4∶1。

第二节　学习困难的表现

学习困难的孩子普遍存在听觉辨别能力差、知觉转换障碍、协调运动（感觉统合）障碍、学习能力偏异、视觉—空间知觉障碍、理解与语言表达能力缺乏平衡等问题。

一、听觉辨别能力差

听觉是一种通过大脑皮层分析后获得的声音感觉，是由具有传导声音作用的传音结构——外耳道、鼓膜、中耳及中耳腔内的听骨链以及具有感受声音作用的感音器官——耳蜗、蜗神经、脑干听神经核团、大脑皮层听区等共同构成的听觉神经系统协同完成的。整个听觉神经系统中的任何部位发生结构或功能障碍都可以导致程度不同的听力损伤。

存在听觉辨别能力差的孩子，一般没有实质性的听力障碍，但是，这些孩子在听别人讲话或老师讲课时，分不清“妮”、“泥”、“你”、“匿”，和“乌”、“无”、“五”、“务”等近似音。影响听讲和理解，给学习带来一定困难。

二、知觉转换障碍

知觉障碍包括错觉、幻觉和其他知觉障碍。

错觉：错觉是对客观刺激歪曲和错误的知觉，这是客观刺激物与心

理上印象相结合时产生的一种虚假的错误知觉，常在个体发生精神障碍时出现，其实错觉也可以见于无精神障碍的健康人。错觉的产生常与感觉条件、情绪因素相关，当视力损害、光线暗淡时可出现视错觉；当处于激烈的恐惧及急切期待的情绪时常出现错觉；当处于疲劳、注意力难于集中时也可出现错觉。学习困难的孩子常会出现听错觉或视错觉。

幻觉：所谓幻觉，就是没有相应的客观刺激而感觉器官出现了虚幻的知觉体验。学习困难的孩子，着重是前庭幻觉。主要表现：重力不稳，平衡能力不佳；运动上的障碍，四肢和身体运动上的严重不正确；空间认知错误和知觉障碍；正中间交叉困难，右手无法在左半身正确活动，左手在右半边活动也会有问题（双侧协调障碍）；眼球运动困难，视觉统合小足，形成认字和阅读上的困难等。

有知觉转换障碍的孩子，当别人讲到一个物品，或者老师讲到某个问题时，不能很快联想到这个物品或者这个问题的状况。例如，当老师要让小朋友描述一下“狗”的样子，并在自己的题板上写出“狗”字时，他不能立刻联想到狗的模样，也不能立刻写出“狗”字来，甚至于把“狗”想象成“羊”、“猫”或其他的家畜。

三、协调运动障碍

协调运动障碍也就是身体协调不良。身体协调不良的原因主要是大脑学习不足。

1. 协调运动障碍的表现

（1）异常的姿态反射。

（2）异常的肌肉紧张。

（3）头部位置不稳（无法自然控制）。

（4）眼球运动障碍。

（5）多动和自伤。

（6）癫痫发作。

（7）语言发展障碍。

（8）智能学习困难。

（9）情绪无法控制。

（10）认知不足或错误。

2. 身体协调方面的困难

（1）重力不稳：走路不稳，有时走起路来不是走而是跑，其原因是身体和地心的协调及掌握不足，也就是平衡力不足。

（2）身体形象不明：如在做指五官游戏时，常常指错，也就是对自己身体各部位的感觉不足，控制不佳。

（3）空间位置关系不明确：一是对距离判断不准，如常把水倒在杯子外边，不会扣扣子或常扣错扣子；二是对方向的判断常有错误。

（4）对刺激的辨别能力过于敏感或过于迟钝：以旋转为例，有的孩子怕这种活动，稍微一转就晕（感觉过于敏感）；而有的孩子特别喜欢，怎么转也不会晕（感觉过于迟钝）。

（5）触觉防御过当或不足：怕别人触摸，别人一摸就感到痛苦或痒得特别难受；而有的孩子皮肤感觉迟钝，摸他时他没有感觉，甚至你拧他一下也不会感觉痛。

（6）异常的固有感觉反应或听觉反应：对某种行为、旋转或爬高特别敏感，或害怕某种声音。

四、在学习上的表现

1. 做游戏时出现异常状况

（1）俯卧在垫子上时感到紧张：一般而言，孩子俯卧在垫子上的时候，因为手、脚常使不上力，而全身会深深陷在软垫内，会感到很舒服。但这些孩子碰到软垫时便特别紧张，他会用力挺起头，把额头贴在垫子上，使脸部腾空，因为头整个放在垫子里，会让他极度不安，所以碰到这种情况时，他们的全身几乎是僵硬的。

这类孩子通常也不喜欢身体被左右或上下摇动，不喜欢荡秋千，因为他无法主动和地心引力取得协调，平衡的能力通常不佳。由于行动缺乏自信，常常特别黏人、爱哭、过分依赖。

（2）做游戏时笨手笨脚：这些孩子在旋转绕圈圈测试时，显示出严重的笨手笨脚；让他们由趴着的动作变成仰卧动作时，会显得笨拙而缓慢。

（3）蒙住眼睛就什么也不能做：这样的孩子，常常是不会做或不敢做“捉迷藏”的游戏，这是因为，这些孩子只要蒙上眼睛就什么动作都不敢做，更不知道如何去抓要抓的对象了。

（4）在做指五官游戏常常出错：存在协调运动障碍的孩子，小时候玩指五官游戏时就常常指错，如别人说“鼻子、鼻子——耳朵”时，他可能指完鼻子后指眼睛，或指嘴巴，再指鼻子，总是不能按照命令去做。

2. 学习上的各种困难

（1）手指不灵活：手指是人类和外界环境最常接触、用得最多的部位，通常比较不害怕陌生碰触，一直是探索时最重要的工具。协调运动不良的孩子手指触觉不良，手的灵活性差，害怕陌生人碰触，手眼协调能力差，突出表现在写字和绘画能力的不足。字的笔画稍多一些，就写得七零八落，不成字样；绘画时往往把本来圆圆的苹果画得长长的；而将长长的黄瓜画得方方的。

（2）坐姿不良：“坐如钟、站如松、行如风”是形容人的姿势风度。

协调运动不良的孩子坐下时，往往出现弯腰驼背、两手无处放、常放在胸上等现象；或者是不能较长时间地静坐，坐不了一会儿就要起来无目的地活动，假若你要求他静坐 20 分钟，他会如坐针毡、烦躁不安。

（3）听写时错误不断：听、视觉的协调不良，对孩子的学习能力也会有很大的影响。协调运动不良的孩子对听到的声音无法即时理解，因此无法和视觉配合。这种孩子在听写上的练习会特别困难，常常漏字、漏段，甚至根本无法跟得上。

在做数字排列时，每个数字的顺序也经常弄错，6 以后，常漏掉 7，

直接变成8，或永远记不清楚哪个数字后面是哪个数字，以致一再犯错。

五、学习能力偏异

学习能力偏异的孩子，主要表现在操作及语言能力的偏异。如有的孩子在操作方面对拼装玩具很感兴趣，从模板上拆下零部件，然后再按照图例拼装，操作起来得心应手，如果让他用剪子进行剪贴，就显得非常笨拙，或者根本就不可能完成。语言能力方面偏异的例子就更多了，比如，有的孩子对家长或老师专门教的语言，往往记不住或表达能力较差，而小朋友之间传诵的儿歌不但学得快，而且背诵起来绘声绘色。

有的孩子阅读有困难，主要表现为认读、拼读准确性差、或理解困难。他们常常有字不会写，错别字多、难以纠正，拼音不好，听写、默写、背诵困难。但是这样的孩子有的数学比较好，有的喜欢音乐，还有的喜欢绘画。

有的孩子存在数学计算技能障碍。主要表现为数量、数位概念混乱，数字符号命名、理解与表达、计数、基本运算和数学推理障碍，以致严重影响日常生活和学习。但是，在这些孩子中，有的特别喜欢体育运动，甚至在某项体育竞技中能取得很突出的成绩。

六、视觉—空间知觉障碍

视觉—空间知觉障碍，是指患者对客观事物能够认识，但对其部分属性如空间或距离关系产生错误的知觉体验。如看到的实体形象比实物大得多，称之为视物显大症；视客体较实物小得多，称视物显小症；对客观实体辨别能力差，称为视觉辨别障碍。

视觉—知觉障碍的孩子，常有以下表现：

一是辨别形状能力差，主要表现在常常分不清6和9、d与b、p和q等数字和字母；月与用、了与子、车与东、马和与等汉字；把正方形看

成长方形，把长方形看成平行四边形，把普通三角形看成等腰三角形。

二是写字总是写不好，根本达不到横平竖直的基本笔画要求，不是横七竖八，就是上歪下斜，常常把上下结构或左右结构的字，要么写得挤作一团，叫人无法辨认；要么就是中间闪下一个大空，让别人看起来误认为是两个字。

三是在生活、学习中操作不协调，如用热水瓶或水壶往杯子里倒水，常常把水倒在外边；在有格子的练习簿上写作业，总是不能按照格子来做，不是靠上、就是偏下，不是左歪、就是右斜；一行字写下来，不是上吊、就是下斜，或者是像蚯蚓在爬。

七、理解与语言表达缺乏平衡

一般来说，对一件事情、一篇文章的理解和语言表达，思考是基础，而思考、语言思维能力是听觉与视觉能力的综合提升，是在具备基本的听觉和视觉的基础之上再进一步升华出来的能力。它综合所听到的、看到的事物，并对这些事物进行思考、理解，然后用语言表达出来。若听觉或视觉有问题，思考和理解也会出现问题，理解与语言表达就会缺乏平衡。

理解与语言表达缺乏平衡的孩子，在听或阅读时，常常遗漏或替换，不能正确阅读。

例如：当老师读完“小明是个非常聪明伶俐的小朋友”这个句子时，要求小朋友重复一遍，会有以下情况发生：

遗漏障碍的孩子可能会这样回答“小明是个聪明的小朋友”、“小明是非常聪明的小朋友”、“小明聪明伶俐”等。

替换障碍的孩子可能这样回答“小明非常聪明伶俐”、“小明和聪明的玲玲是好朋友”、“小明是个非常明白的小朋友”等。

诸如以上这些障碍和偏异，都会给孩子的学习带来困难。凡是有上述情况的孩子，其家长应及时带孩子就医。

第三节　学习困难的影响因素

为什么有的学生学习十分顺利，有的学生会出现学习困难？形成学生学习困难的原因非常多，主要包括个人因素（如生理、心理方面的因素）和环境因素（如学校、家庭、生活环境等方面的因素）两大方面。学生学习困难的出现是这些因素相互共同作用的结果。

一、生物学因素

1. 遗传

学习困难具有家族遗传倾向。研究发现，在学习困难学生的一级亲属中，学习困难的发病率高达45%以上，学习困难具有明显的家族性，父系传给子代的比例是40%，母系为35%。

2. 脑损伤

脑损伤能够改变脑的某些功能，继而可能影响学生的学习和行为。引起脑损伤的因素很多，如严重的头部外伤、意外事故、被撞击、发高烧、脑瘤、脱水以及其他的一些疾病（如脑炎、脑膜炎等）。在学习困难学生中的脑损伤发生率一般比正常学生高。

3. 感觉统合失调

感觉统合失调是由于大脑对躯体感觉器官所得到的信息不能进行正确的组织和分析，以致整个机体不能有效运动的现象。智力正常甚至超常的学生由于存在感觉统合失调，其智力无法得到充分的发展，造成学

习困难和运动技能与社会适应等方面的障碍。研究表明，学生感觉统合失调时直接影响学业质量。

4. 神经系统结构及功能异常

近年来，随着功能性脑成像技术的迅速发展，脑功能异常在学习困难的研究中越来越受到重视。学习困难的学生往往具有轻度的脑结构异常、脑血流局部灌流不足、脑电图轻度异常等。

5. 生理上的晚熟及早产和低出生体重儿童

国外一些学者认为：生理上的晚熟是造成学生学习困难的一个重要因素。在入学的儿童中，有一些学生的生理条件尚未完全成熟，适应能力较差，也容易产生学习困难，继而导致一些情感问题的产生，形成恶性循环。而对于早产和低出生体重儿的追踪调查，发现无论在注意能力、语言能力和运动能力方面，低出生体重儿童都比正常儿童要差。

6. 身体疾病

学生在学校学习是一个艰巨的任务，而且还是一个连续的过程。有的孩子体弱多病，经常缺课，使得所学的功课连续性间断，学习的内容联系不起来，自然会导致学习困难。有的孩子有慢性病和先天性疾病，由于没有什么疾病的表现，往往容易被忽略其特殊性，对这样不健康的学生采取和健康学生一样的要求，自然会导致学习困难。另外患病的学生往往由于缺课的机会多，而患儿的体力又跟不上紧张的学习，使得学生在压力下引起学习情绪和学习精力降低。

二、心理因素

1. 认知能力缺陷

许多学生学习困难是由于认知能力不足造成的。所谓认知能力是指个体了解与认识世界的一整套心理能力，它包括动作、知觉、注意力、记忆、语言、思维和社会学习能力等各个方面。这些认知能力与学习有密切的关系，任何一种认知能力的失调都可能引起学习困难。

许多研究发现，在学习困难学生中存在认知能力缺陷的现象，如注意力缺陷、记忆或语言能力缺陷等，即有认知能力问题的学习困难学生大都在一种或几种认知能力上有问题或欠缺。认知能力是在学生成长的各个阶段发展起来的，由于认知能力发展不良而造成的学习困难，主要表现在认知能力发展不平衡、不合适的认知过程以及非言语思维和言语思维发展中的失调等。

2. 学习兴趣与策略

学习适应性是一种综合的行为过程，其影响因素既有来自外部的，而更重要的则是来自人体内部。适应学习意味着能够正确对待学习，具有良好的学习动机和学习能力，掌握了适当的学习方法和学习技巧，具备克服学习过程中的各种障碍，完成学习任务的意志品质，取得较好学习效果的一种倾向，因此对学习的适应需要个体良好的人格因素来维系。

研究发现，学习适应性是影响学习成绩的重要因素，学习困难学生在学习适应性测量中，总分、学习态度、听课方法、学习技巧、家庭环境、学校环境、独立性和毅力、身心健康等方面均比学习优秀组低，说明学习困难学生的学习难度较大，他们在学习过程中遇到的挫折较多，而教师、家长对这些学生缺乏必要的理解、关注和投入。

适应性历来被认为是与心理、健康水平密不可分的心理现象和心理状态，马斯洛和麦特曼甚至认为对于生活的适应就是心理健康构成要素之一。学习的适应本质上也是一种生活适应，因而与心理健康水平的关

系是极其密切的，学习适应性良好者心理问题及其症状的表现程度普遍低于学习适应性差的学生。

3. 情绪和行为问题

学生的情绪和行为问题也是导致学习困难的因素之一。抑郁、焦虑和情绪障碍对学生学习成绩具有显著影响。

三、环境因素

1. 家庭环境

家庭是学生的第一所学校，父母是学生的首任和终任的老师。家庭环境不良是导致学生学习困难的原因之一。首先是父母的文化素质与家庭的文化氛围，学生的学习质量在很大程度上受其影响，它包括家庭的藏书情况、父母的学习习惯、学习兴趣及家庭学习环境等，学习困难学生母亲文化素质一般较低；其次是父母的教养方式、期望态度。

专制型父母对孩子很严厉、常打骂孩子、望子成龙心切等，有些学生由此而对学习产生恐惧或焦虑，甚至反抗，致使学习成绩越来越差。而放任型父母对孩子的行为与学习不闻不问，任其自由发展，这种家庭环境下成长起来的学生往往对学习与做其他事情缺乏责任心，行为放纵，这样不良的个性与态度会影响学业。再次是家庭的经济状况差，父母关系不和等，都可能对学习困难的产生起到作用。

2. 学校环境

学生进入学校后，学校环境对其影响逐渐加强。教师的言行，教学方法是否得当，对学生的成长具有重要影响。在传统应试教育观念下，教师偏重于片面追求升学率，在这种压力下，只重视学习的优、中等生，忽视甚至歧视学习困难学生，对成绩好的学生抱很高期望，对学习困难的学生则期望很低，不同的期望值会对不同学生产生在教育态度上的差异，客观上会造成学生学习及训练机会的不均等。这种对学习困难学生的消极期望影响了学生的自我信念、成就动机，长期下去，会使他

们逐步失去学习的兴趣、信心和动力。

有不少调查结果表明，学习困难学生在班级中缺少温暖，随着年级的增高，他们越来越处于被冷落和孤立的境地，他们与老师、同学的关系不佳所占的比例明显比优生高，这些都会挫伤学生的自尊心与求知欲，致使学习困难的发生。

另外，在应试教育观念指导下，学生的学习负担过重，太多的作业、频繁的考试容易使学生产生厌学情绪，对学习失去信心，使学习困难的发生率增加。

3. 社会环境

除家庭、学校以外，社会环境对学生的影响也不可忽视。近年来传统的价值观念的改变，不良成人群体的影响，传播媒介的消极作用，都对学生学习困难的形成起了促进作用。近年来，美国学生学习困难的发生率呈增高趋势，有专家认为可能部分是由于长期暴露在慢性的毒物中，比如铅、重金属、物理环境中的化学制剂。随着工业化的进程，污染问题日益严重，在美国一个城市化的环境中进行的环境和学习困难发生率联系的研究证实，LD 的高危险地区均与曾经有过铅毒性和空气污染机构有关；与贫穷、受官方援助居民百分比较高、成人受教育程度低也有关。

总之，造成学生学习困难的原因复杂，涉及生物学因素、心理因素和环境因素等，这些因素又相互影响，相互渗透，因此学习困难的预防与矫治应该采取早期干预和综合治疗相结合的方法。这个过程中，既需要教师发挥其关键作用，也需要社会各方都付出相应的努力，尤其是家长不能放弃自己应该在其中扮演的角色。

第四节　学习困难的诊断

预防和矫治学生学习困难，其前提条件和关键环节是对学生进行学习困难的诊断。

一、学习困难的诊断意义

首先，诊断是制定教育对策及治疗的基础和前提。学习困难学生诊断要找出“病症”和原因。“病症”和原因找准了才能对症下药。

其次，诊断又能不断地完善和丰富教育对策、修订治疗干预方案。诊断需要运用多门学科的理论与技术（如医学、心理学、教育学、行为科学、社会学等），诊断为干预治疗提供了丰富的理论基础和方法技术。同时，诊断是对学习困难学生问题的性质与原因不断深入分析的动态过程，它可以不断地改进和完善教育对策。

再次，诊断有矫治性意义。诊断的目的是为了矫治孩子已有的症状。同时诊断还有预防性意义。诊断可以在一定程度上对某一个体今后可能发生的学习困难作出预测，因为，诊断者通过大量的案例，对各种类型学习困难症状和原因累积了一定的感性认识和理性认识。这就为如何预防学习困难学生的产生提供了理论与经验的依据。诊断的预防性作用在学习困难学生教育中居于重要地位。做好预防工作，可以减少学习困难学生的发生率，是积极的干预策略。

二、学习困难的诊断步骤

1. 资料的整理

根据诊断要求，学生材料应按照学习困难的问题性质、特征、程序和原因分别归类。

问题性质，比如是学业状况的问题，还是学习能力的问题；是学习态度问题，还是学习方法问题等。

问题特征，如外语学习困难有何特点，是记不住词汇，还是听力或语言能力较差等。

问题程序，如数学学习空间差到什么地步？相当于几年级的水平等。

问题产生的原因，如家庭教育的原因、同学关系、师生关系的原因等。有了这样一个结构，归类就比较清晰，就能“纲举目张”。

2. 分析判断

分析判断是诊断的核心，其中要抓住三点。

（1）分析学习困难学生形成的原因：大体上可以从个体内部因素（如智能、个性、身体等）和个体外部因素（如家庭教育情况、学校教育教学情况、大众传播媒介的影响等）来寻找原因。但事实上学生学习困难的形成是多种原因交织作用的结果。诊断就是要分析出最初的起因是什么，最重要的原因是什么。这就需要比较充分地了解孩子的过去，弄清问题的来龙去脉。

（2）透过现象看实质：例如，厌学、畏学情绪是一种现象，但为什么畏学、厌学，各人背后的原因不同。有的学生缺乏意志力，有的学生是学习态度不端正，有的是懒惰成性，有的则因学业经常失败而自卑、自弃等。诊断就是要分析判断出实质性的问题。

（3）抓住主要问题：学习困难学生身上的问题往往不是单一的，而是一种综合状态。例如，知识基础差、学习技能低、学习习惯不良、

学习态度不端正，或者还有人格适应不良和行为问题等。每个孩子的问题各有侧重，抓主要问题，就是要找到影响每个孩子学习的主导性因素，“牵一发而动全身”的因素。

三、学习困难的诊断方法

当我们就学习困难学生的某个问题进行诊断时，常常使用一些具体诊断方法。常用的有课堂行为分析、作业错误分析、能力诊断、行为诊断，以及教育会诊等。

1. 课堂行为分析

学生在校的主要活动场所是课堂，学生课堂行为往往反映了其自身学习方面的障碍。利用事先设计的课堂行为观察、记录所获得的资料，可以分析学生如下行为：

（1）对教师讲课的反应。有些学生似乎也在听教师讲课，但对教师讲课内容反应迟缓或者毫无反应。究其原因，一种可能是听不懂，有知识障碍；另一种可能是注意力不集中。究竟属于哪一种，要具体分析。

（2）做课堂作业时的反应。学习成绩好的学生常常能有效地完成这些作业，而学习困难学生则常常很困难。学习困难的学生有时为了表明自己不落后也会胡乱做一通，或者随声附和。这个问题的症结，一方面是学习困难学生学习基础差；另一方面是课程上统一的教学要求使他们难以适应。所以，教师布置课堂作业也要因人而异实施分层作业。同时，要当场检查学习困难学生作业情况，及时了解他们的学习情况，防止他们学习上“含混过关”。

（3）不安定的课堂表现。包括心神不定、随便讲话、做小动作、骚扰邻座、起哄等不良课堂表现。这方面的原因就更多了，如自控能力差，或因与老师关系紧张存心作对，或是其他原因。

（4）回答问题时的表现。有些学生怯于回答问题，上课总是默不

作声，可能是起因于学习退缩倾向；有些学生回答不得要领或语无伦次，则可能在问题理解或言语表达上有问题。凡此种种，学生在课堂上的表现多种多样，教师要善于把学生各种异常表现归类，找出其症结所在，这便是教育诊断的技能。

2. 作业错误分析

学生在做作业的过程中总会犯这样或者那样的错误。如果把这些错误系统地加以整理，可以分析出一些带有规律的问题。比如，学生计算数学题常常会算错，专家认为这是因为学生使用了有毛病的程序。例如让一位学生做了 5 道减法题，这位学生做的 5 道题中有两题答对，3 题答错。仔细分析发现，他总是将大数减去小数，而不管哪一个数在上面，这种错误程序叫“大数减小数”。可见准确诊断了学生作业错误，可以使他的这一学习困难迎刃而解。作业错误分析还可以帮助教师了解全体学生的学习情况，以便发现问题及时调整教学策略。

3. 能力诊断

各种学习能力的诊断（包括阅读、言语、拼写、计算等）是学习困难学生诊断的主要部分，这与改善他们的学业状况直接有关。一般可用学科成绩测验与诊断检测表进行诊断。例如，阅读能力诊断，可以先用阅读水平测验测定学生的阅读水平等级，再用阅读诊断量表诊断学生的具体阅读障碍。找到具体阅读障碍还可做进一步的能力诊断。如某学生词汇遗忘较突出，则要进一步查明该生的记忆力如何；某学生阅读速度慢，则要检测其知觉信息能力有何问题；某学生阅读句子不完整，则要注意其对信息编码、组织能力如何。

计算能力诊断可以参照下列项目进行：不能记住数学公式，字数与符号联系困难，空间图形要领混淆，解应用题困难，心算能力差，口算能力差。

4. 出声思维诊断

诊断时，给被试者一个思维作业，比如一道数学题或一篇短文阅读，让他们用出声思考来完成，同时用录音机录下他们的口述。如果被

试者在进行过程中发生停顿，诊断人员可以问他现在想什么，但一般不应提出问题，以免干扰被试者的出声思考。

出声思维技术是相当有效的学习困难学生诊断工具。这种技术还可以用于教学补救与干预，以训练学习困难学生的问题解决技能。

5. 行为问题诊断

（1）行为失调的症状：好斗，憎恨别人，发脾气，不顺从，对抗，不礼貌，鲁莽，不合作，不体谅别人，吵闹，支配别人，盛气凌人，不诚实，说谎，说话低级下流，妒忌，猜忌，挑剔，责备，依赖别人，不能承担责任，戏弄别人，否认错误，易生气，自私等。

（2）焦虑—退缩的症状：过分焦虑，害怕，紧张，害羞，胆怯，忸怩，退缩，孤独，不愿交友，沮丧，悲哀，烦恼，过于敏感，容易受伤害，自卑，感到自己微不足道，缺乏自信心，容易激动，常常哭等。

（3）不成熟的症状：注意广度不够，不能集中注意，常做白日梦，手脚不灵活，笨拙，动作不协调，缺少活力，精力不济，懒惰，常昏昏欲睡，对事物缺少兴趣，缺乏坚持性，做事不能有始有终，脏乱，邋遢，不整洁。

（4）社会性攻击的症状：结交不良伙伴，偷窃别人的东西，打架斗殴，恃强欺弱，破坏公物，忠于坏朋友，逃学，离家出走。

6. 教育会诊

这是由班主任、任课教师、辅导人员等参加的对学习困难学生进行集体会诊的一种方法。有时可以吸收家长、有关的同学，甚至学生本人参加。会诊之前，应该将有关学生的材料分发给会诊者，便于事先准备会诊意见。会诊时，先由主诊者扼要介绍学生情况。然后请与会者充分发表意见，分析学生的主要问题，产生原因，可以运用的有利条件，讨论与制订教育干预方案等，最后达成比较一致的会诊意见。

四、学习困难的鉴别诊断

1. 与其他心理行为障碍的鉴别

临床上需要与其他心理行为障碍主要鉴别的有：

（1）精神发育迟滞。

（2）孤独症。

（3）选择性缄默症。

（4）品德障碍。

（5）注意缺陷多动症。

（6）癫痫。

2. 学习困难的鉴别

（1）差距标准

是指个人在学业或能力发展方面的内在差异，也就是个人潜力与实际表现的差距。差距标准的判定，首先需要标准化的能力测验与成就测验。决定差距的方法主要有：

①年级水准差异：是将学生的学业成就水平与现读年级比较，明显低于现读年级某个差距以上的（如一二年级），则符合差距标准。

②期望公式：又称为潜能和成就水平差距法。此法利用不同的公式，将预期的成就水平量化，再与学生实际的成就相比较，低于预期成就水平者，即符合差距标准。

③标准方法：将学生能力测验与成就测验的分数转换成标准分数再进行比较。

④回归公式：是指在一定的范围内（如一个学区），建立能力成就的常模与两者的回归关系。

（2）排他标准

是指学习困难不是由于智能不足、感官障碍、情绪困扰或缺乏学习机会等因素所造成。这种排他标准并不完全排斥上述障碍者可能同时伴

有学习困难的现象，如果同时并存，则需提供多种特殊教育的服务。

学习困难鉴定的6项排他标准是：

①一般智力测验智商在90左右或以上。

②双眼的视力值经矫正后在0.5以上。

③两耳的听力损失不超过30分贝。

④情绪困扰现象不是直接可以观察得到的。

⑤没有明显的动作障碍。

⑥家庭社会经济地位中等。

若视觉、听觉和动作障碍，智能不足，情绪困扰，环境、文化或经济不利等原因造成的学习困难不可判定为学习困难。

（3）特教标准

即学习困难学生必须是无法在普通教学条件下进行学习，需要接受特殊教育服务的。

3. 学业不良学生的鉴别

（1）智力标准

这个标准主要是为了排除弱智和低能学生，智商低于70者不属于学业不良。

（2）学业不良标准

采用绝对学业不良与相对学业不良相结合的方法确定学习困难学生，即以代表性较好的样本的学科统测平均分为参照标准。学科统测是根据教学大纲命题的绝对评价，而以低于平均分25个百分等级为划分学习困难学生的标准是相对评价。两者结合也是一种确定学业不良标准的方法。这里要注意学科测试的内容效度和样本的代表性，如果这两点或者其中的一点得不到保证，划分的结果就可能不可靠。

（3）学习过程异常

学习过程：学生知觉、接收信息、加工信息、利用信息解决问题的认知过程。学习困难学生在这种过程中往往会在某些方面明显地表现出偏离常态的行为。一般来说，教师可以在平常观察到学生的这些行为。

①课堂学习中反应迟缓。这说明学生可能在感知学习内容时有困难（如不认识字母、符号及其相应的意义），或者理解知识发生困难等。

②记忆效果差。可能是对知识组织、编码、复述和精细加工等方面有问题。

③注意力涣散。表明学生在感受、选择信息方面有困难，或者是自我控制能力较差。

④解题或回答问题思路混乱。可能是学生根本不理解问题，或者有较多的知识缺陷，或者缺少解决问题的技能和策略。

⑤言语障碍。不能完整、清晰地用语言表达，言语发展障碍又直接影响阅读、写作与思维。

⑥行为问题。课堂上屡屡违纪或干扰别人，可能是听不懂上课内容，也可能是学习态度动机问题或者其他原因。如果学生在相当长的一段时间（几个月或半年以上）出现上述某些行为，则可以认定为学习过程表现异常。

具体鉴别时，要注意这三条标准的意义是不同的。智力标准是为了将学习困难学生同弱智、低能学生区别开来；学业不良标准是为了将学习困难学生同学习优、中等生区别开来；而学习过程表现异常则是为了将不同类型的学习困难学生区别开来。在具体鉴别某个孩子时，这三条标准要综合考虑。原则上，第一条、第二条标准是鉴别的必要条件，也就是说，鉴别是否为学习困难学生必须符合这两条标准。第三条是重要的补充条件，若学生确有持续的学习过程表现异常，则可能属于稳定性学习困难，若学生在学习过程没有持续的表现异常，则可能属于暂时性学习困难。

第二章 学习困难与心理行为障碍

我们发现，学习困难的诊断较多地依靠诊断者的个人经验与判断，而比较缺乏相对客观的定量数据指标，这是由学习困难的高异质性决定的。学习困难是一个高异质性的团体，很难有一致的特征足以代表这个团体，常被发现的特征也不一定出现在每一个学习困难者身上。其实，这也是学习困难问题没有引起广泛关注和正确对待的一个原因。

然而，关于学习困难与学生的心理行为障碍之间的联系，已经得到了较多的研究，形成了较为清晰明朗的结论。比如，儿童多动症、抽动症、儿童孤独症、睡眠障碍、语言发育障碍、儿童抑郁症，这些存在于学生身上的心理行为障碍，与学生学习困难之间有着比较确定的联系，关于其的预防和矫治，也都有了相应的研究成果。

第一节　学习困难与多动症

儿童多动症又称注意力缺陷多动症，或脑功能轻微失调综合征，是一种常见的儿童行为异常疾病。儿童多动症的患病率国外报道在5%～10%之间，国内调查在10%以上，男孩多于女孩，早产儿及剖腹产儿患多动症的概率较高。

这类患儿的智力正常或基本正常，但学习、行为及情绪方面有缺陷，主要表现为注意力不集中，注意短暂，活动过多，情绪易冲动，学习成绩普遍较差，在家庭及学校均难与人相处，日常生活中常常让家长和教师束手无策。

一、多动症的临床表现

多动症患儿自婴幼儿时期即易兴奋、多哭闹、睡眠差、喂养较困难，不容易养成定时大小便的良好习惯。随着年龄的增长，除活动过度外，还有动作不协调，特别是精细动作不协调，如穿针线、扣扣子、使用剪刀等有困难。注意力不集中或集中时间很短，行为无目的，情绪易冲动，缺乏控制能力，上课不守纪律，学习困难。这些患儿智力正常，但因精神不集中，听觉辨别能力和语言表达能力均较差，学习能力一般较低。

1. 活动过度

活动过度是儿童多动症的主要表现之一，其特点概括起来讲主要表

现为“三多”，就是活动过多，小动作过多，说话过多3个方面。

（1）活动过多

活动过多就是指躯体活动明显比正常儿童多得多。多动症儿童就好像上足了发条的钟摆一样，只要不闭上眼睡觉，永远也不会安静下来。他们不喜欢待在家中，总是喜欢在户外到处奔跑、跳跃。上学后，一个课时就得从座位上起来好几次；下课后，从不在教室里停留，有时老师还没有宣布下课，就像出弦的箭一样，“嗖”地一下子就蹿到教室外边去了，不是大声喊叫，就是和其他同学打打闹闹，严重影响学校秩序，常常使老师和学校领导感到“头痛”。

（2）小动作过多

患有多动症的孩子小动作特别多。在婴儿时期，哺乳时手从来不老实，当手还不会抓东西时，老是摆动；从手会抓东西开始，不是揪住妈妈的头发，就是揪着妈妈的耳朵，或是揪妈妈的衣服。稍大一点，也就是学龄前这一阶段，常常把手放在自己的口中，咬手指头或者咬手指甲，常把玩具搞坏。上幼儿园后，不是今天把小朋友惹哭了，就是明天把幼儿园的玩具弄坏了，上小学后，在课堂上，老师讲课从不认真听讲，双手也是不闲着，一会儿翻翻书，一会儿把铅笔放到嘴巴里咬来咬去，一会儿又挠痒痒；脚也没有安静的时候，不是双脚在地上动荡不安，就是用脚尖踢前后左右同学们的腿或脚。在家中做作业时，右手拿着笔，左手拿着小玩具，或者把书反复翻开又合上，或者在书上乱写乱画，学期尚未结束，书本已破烂得不成样子了。

（3）语言过多

语言过多是多动症患儿的又一个显著的特点。这些孩子与正常的孩子相比，显得话特别多，很难静下来听别人讲话，在别人讲话时，常常爱插嘴，并经常与大人顶嘴。在和小朋友相处时，常常发生争吵，不合群。在课堂上，好与前后左右的同学小声说话；经常会在老师的问题还没有讲完，就举手抢答，往往答非所问。

2. 注意障碍

注意障碍也就是注意集中困难，是儿童多动症的第二个突出表现，

主要表现在注意集中性、稳定性、选择性3个方面的异常。

（1）注意的集中性差

注意的集中性差或异常，也就是注意力不集中。从儿童的注意发展来说，正常的孩子2~3岁时集中精力专注的时间为10~12分钟，5~6岁达12~15分钟，7~10岁为20分钟左右，10~12岁为25分钟上下，12岁以上可达30分钟以上。多动症的孩子对一件事物专注的时间很短，这些孩子就是从事他们所喜欢的游戏时，其专注的时间也不足正常儿童的1/5。由于专注时间短，上小学后，每节课最多也就能集中精力听上10分钟或8分钟，然后，不是做小动作，就是思想“开小差”了。

（2）注意的稳定性差

注意的稳定性差或异常，也就是注意力易分散。注意的稳定性差，容易分心。比如说，上课时，不管是室内还是室外稍微有一点动静，眼睛立刻会循声找寻，东张西望；做作业时拖拖拉拉，半个小时的作业，2~3个小时都做不完，不是喝水，就是上厕所，不是趴下，就是摆弄铅笔，很不安稳。由于分心，干什么总是粗心大意，给生活、学习带来很大困难。

（3）注意的选择性差

注意的选择性差，用医学心理学的术语来说，那就是多动症的孩子，不能同时从感觉到的各种刺激中，选择性地对某些刺激发生反应，而忽视另外一些刺激。例如，考试的时候，往往把1号题的答案写到了2号题目下面；明明是10道题，只做了8道；或是正反面的卷子，只答了正面就匆匆忙忙交卷退场。

3. 控制力差

控制力差是多动症的又一突出表现，主要表现为冲动、任性、没有耐心等。

（1）冲动

遇事不冷静，行为鲁莽，不考虑后果，有时把原来很好的愿望变成了不好的后果。遇到挫折时不能忍受，常出现激烈的情绪波动和冲动行

为，甚至会动手动脚地打人、污言秽语地骂人，常常给别人带来伤害。上学后，经常违犯学校的规章制度，同样的错误经常发生，很难改正。

（2）任性

这些孩子当他们一旦有要求时，必须立即得到满足，否则非哭即闹，再不然就撒泼打滚，不听劝解。比如说，吃饭挑食，只吃米饭加鱼、肉、蛋，就是不吃蔬菜；或是吃饭时看着电视吃、玩着游戏吃、走着跑着吃等，如果改变吃饭的方式，他就不吃了。

（3）没有耐心

这些孩子干什么事都没有耐心，不按顺序、不守规矩、不愿等待。例如，在集体游戏或比赛中，不能遵守事先定好的游戏规则，不按规定的顺序轮流进行，而是抢先插入，或常去干扰其他儿童的活动，不受小朋友们欢迎。

4. 品性问题

部分多动症儿童因为自控能力差、冲动任性、没有耐心等缺陷，会伴有违抗性、攻击性和反社会性行为。如在家常与父母顶嘴，违抗父母的命令，故意与父母对着干；在学校不听老师的话，经常与同学闹别扭，违反学校纪律；经常说谎，打架斗殴，旷课逃学，严重的可发展到偷盗、结伙滋事、外出不归或离家出走等。

多动症患儿伴有的品行问题，除自身心理因素外，与外界环境有着十分密切的关系。因为这些孩子自控能力差，难以接受约束和控制，容易违反规章制度及社会公德。对这些孩子，家庭、学校和社会都应给予更多的关注。

5. 学习困难

多动症儿童的智力水平大都正常或接近正常，然而，由于以上症状，仍给学习带来一定困难。部分孩子存在知觉活动障碍，他们往往分不清主体与背景的关系，不能分清图形的组合，也不能将图形中各部分组合成一个整体；有些多动症儿童将“6”读成“9”，把“b”看作“d”，甚至分不清左右；有的多动症儿精细动作困难，表现为双手交换

翻掌、手指快速轮换等动作不灵活，拿筷子吃饭、握笔书写、扣扣子、系鞋带、做手工游戏等动作笨拙；还有的表现为空间位置障碍，如分不清东南西北、上下左右，阅读时眼球运动不协调，认字时常常把偏旁相近的字混淆起来。诸如以上这些功能障碍，都会造成学习困难。

二、多动症在各年龄段的表现

1. 婴幼儿期的表现

婴儿期（从出生到1周岁）主要表现为易兴奋、多哭闹、睡眠差、喂养难和不易养成良好的习惯。胎儿时胎动的次数特别多；到了会爬的时候，常爬出摇篮或从床上摔到地下；当到了学走步的时候，不是在大人的搀扶下一步一步地走，而是以跑代走，一丢开手就会马上摔倒；1岁以后，过度的活动常常弄得大人手忙脚乱，有时抱也抱不住；3岁以后，开始破坏玩具，不是弄得稀里哗啦，就是丢三落四，再不就是翻箱倒柜，把家中的东西弄得乱七八糟。

幼儿期（1~3周岁）的主要表现是注意力难集中、动作不协调、行为无目的、缺乏控制力。多动症的孩子在幼儿时期就表现出不安宁，容易受外界的影响而分散精力，注意力集中的时间很短暂。再一个突出的表现就是不听话、任性、好激动。

2. 学龄前期的表现

3岁左右，对大人特别依恋，尤其是对妈妈，往往一眼看不到就大声疾呼，整天纠缠妈妈，没完没了。这些孩子情绪不稳，常处于激动、兴奋的状态，还常常不避危险，头部、面部、四肢经常被摔伤或碰伤。倔犟、固执、好发脾气，得不到满足时就要赖。缺乏控制力，纪律性差，不守游戏规则，常与其他小朋友发生矛盾，很多小朋友都不愿意接近他们。

4~6岁时的主要表现是行为目的不明确，安危不辨，与其他小朋友不合群，情绪易冲动，不听话，时常与大人顶嘴。

3. 学龄期（中小学）的表现

随着年龄的增长，多动症患儿的一些临床症状会逐步改善或消失。国内外调查研究显示，学龄前的多动症儿童，到了小学毕业的时候，约有50%的孩子症状有显著改善或基本消失；初中学业结束后，大约还有15%的孩子仍有多动症的表现。那么，中小学生多动症有哪些表现呢？

多动、冲动仍是最为突出的表现之一。这个年龄阶段的孩子，并不像学龄前儿童那样动手动脚，乱翻弄东西，扰乱别人了。而主要表现为坐立不安、坐卧不安，常在安静的场合下做些不经意的小动作。听课时看样子坐在那里很安静，其实手、脚正在无目的地活动，要么手拿着笔不知在乱画乱写什么，要么脚在桌子下面不停地摆来摆去，做作业常拖拉。这些孩子做事常不假思索、不计后果，冲动、冒失，常与家长顶嘴或与老师发生争执，和同学们缺乏沟通、缺乏合作精神，对同伴讥讽、嘲笑，自己做错了事往往埋怨他人，不愿承担责任，不能从失败中吸取教训。

注意力难以集中仍是突出表现。这些孩子常常不能排除周围环境中一些正常儿童可以忽略的听觉或视觉的刺激。如常被教室内外的响声所吸引而东张西望；或观察同学的发型、衣服款式，或追视阳光内的飞尘。干什么都是粗心大意，丢三落四，不能坚持始终，比如做作业时，不是忘了小数点，就是漏了一道题，或是抄错了题目答非所问。上初中的学生，常常脑子里冒出很多不切合实际的想法，且挥之不去。但随着年龄的增长，在强大动机的驱使下，或对特别感兴趣的事情，如看自己非常喜欢的电视节目或玩电子游戏时，集中的时间会延长，也可能非常专注。

进入中学以后，明显地表现出学习困难。由于在课堂上不能很好听课，课下又不能按要求完成作业，学习成绩常有波动，如父母或老师对其辅导抓得紧的话，成绩就会好，稍微一放松，成绩马上就会下降，甚至出现多门功课不及格的情况。

患有多动症的孩子还会出现对立违抗性障碍和品行障碍。在小学时主要表现为冲动、任性、好与家长顶嘴；在与小伙伴的交往中，只注重自己，不受欢迎等。到了初中以后，随着心理、生理的发展变化，自我意识迅速发展，在家庭，力求摆脱对成人的依赖，独立愿望日益强烈，对父母的指令不服从，甚至和父母对打对骂起来。在学校或社会上，常有攻击和违抗行为，拉帮结伙，打架斗殴或迷恋上网，荒废学业。

三、多动症与活泼调皮的区别

活泼、调皮、好动是孩子的天性，怎样与多动症进行区分呢？主要从注意力、控制力、目的性和药物观察 4 个方面来进行。

1. 从注意力方面进行区分

多动症儿童注意力不集中，做起事来有始无终，丢三落四，对任何事情都显得心不在焉。活泼调皮的孩子好奇好动，你给他讲故事，或老师讲课时他都能聚精会神地听，做作业或做游戏时都能专心致志，一般不受外界干扰。

2. 从控制力方面进行区分

多动症儿童做事情缺乏控制能力，没有耐心，冲动、任性，依赖性强，自主能力差。活泼调皮的孩子能约束自己，听话懂事，如和小朋友们一块做游戏时，能自觉遵守游戏规则，轮不到自己时，能耐心等待；做其他活动时能按父母或老师的要求去做；惹人喜爱。

3. 从目的性上进行区分

多动症的儿童目的性不明确，做事冒失，集体活动不合群，常以自我为中心，经常向其他小朋友发号施令，大多数小朋友不愿意和他一块玩，有时不知道躲避危险。活泼调皮的孩子做事目的性很明确，活动有度，循序渐进。

4. 用药物进行观察

这是一个最简便的方法。观察所用的药物就是镇静类的药品，按照

儿童的常规用药剂量进行服用。多动症患儿服下镇静药后，反而会兴奋，会更加多动不安。活泼调皮的孩子服下镇静药后，产生催眠作用，很快就会入睡。

四、多动症的生物医学病因

国内外研究结果均表明，多动症是由多种因素引起的，主要包括生物医学因素和社会心理因素两个方面。其中，生物医学因素又具体地包括以下几个方面：

1. 轻微脑损伤

新生儿脑损伤多见于头颅血肿、颅内出血等。颅内出血通常是指胎头通过产道受压、产钳助产所致。随着产科助产技术的不断提高，产伤性颅内出血已逐渐减少，但是产伤和缺氧两个因素同时存在且相互影响，胎儿宫内长期缺氧后脑组织充血、水肿，血管壁变脆弱，即使产伤较轻，也可导致产伤性颅内出血。颅内出血死亡率很高，存活患儿大部分可留下智力低下、癫痫甚至脑瘫等神经系统后遗症，轻者可导致多动症。

2. 遗传因素

国内外大量研究资料表明，40% 的多动症儿童的父母也患有多动症，也就是说，多动症具有家族聚集性。多动症患儿的父母与正常儿童的父母相比，前者多动症患者为后者的 2～8 倍。

遗传病是指遗传物质发生突变所引起的疾病。一般认为，遗传病发生的物质基础是遗传物质的突变，包括基因突变和染色体畸变，是遗传病发生的根源，也是区别于其他疾病的根本点。人类遗传病的遗传方式包括常染色体显性、隐性遗传，X、Y 连锁遗传、线粒体遗传以及多基因遗传。

对多动症的遗传，有的学者认为可能是染色体畸变、常染色体显性遗传、常染色体隐性遗传、性染色体连锁遗传和多基因遗传。还有一些

学者认为是单基因遗传，属常染色体显性遗传，他们在对以注意缺陷、阅读障碍为主要症状的多动症患儿进行研究发现，与位于第六号染色体上的人类白细胞抗原有关。20 世纪末，又有学者提出来，多动症的遗传方式，既不符合常染色体显、隐性遗传，也不符合 X、Y 连锁遗传，而可能是具有主基因效应的多基因遗传。总而言之，至今为止，国内外对多动症的遗传方式尚无确切的定论。

3. 神经生化因素

（1）多动症与去甲肾上腺素有关

近年来研究资料显示，多动和注意力不集中与脑内儿茶酚系统（去甲肾上腺素等，其前身是多巴胺）功能不足有关。以上的结论首先来自于动物试验，用药物使大鼠脑内多巴胺的存储减少或耗竭时，大鼠会出现明显的活动过度症；给大鼠服用苯丙胺以提高多巴胺在突触部位的含量，提高多巴胺神经元的活性，可使大鼠安静。通过以上动物试验，去甲肾上腺素障碍或释放不足导致觉醒过度，造成了多动症。在临床上使用能加强脑内突触部位多巴胺含量的苯丙胺及丙咪嗪，对治疗儿童多动症有效。

（2）多动症与多巴胺有关

研究发现，多巴胺受体的密度与儿童发育有关。所以，临床治疗中使用能增加多巴胺功能的药物后，多动症儿童的注意力增加、运动行为减少、冲动行为得到控制，并能协调精细动作和粗大运动。

4. 神经系统发育因素

近年来研究发现，多动症与神经系统发育障碍有一定的关系。多动症的活动过度、注意力不集中、控制能力差三大临床表现与儿童神经系统发育障碍的警觉水平、持续注意、运动的抑制、执行功能、语言记忆的损害的表现，有很多相似之处。

5. 母亲孕期异常与破腹产

在多动症患儿中，母孕期有异常史的占有一定比例，特别是母亲在孕早期感染弓形虫、巨细胞、风疹等病毒、细菌感染、中毒、X 线照射

等，这些因素均可造成胚胎神经发育早期宫内损害，造成胎儿不同程度的脑功能障碍。其中轻度脑功能障碍可导致神经系统软体征，造成儿童多动症。另外，母亲孕期异常，可造成早产或低出生体重。早产儿和低出生体重儿发生多动症的比例在60%～80%之间。

孕期母亲吸烟，被认为是影响儿童认知和行为的主要因素。烟草中的尼古丁能自由通过胎盘，而且胎儿血中尼古丁浓度较母亲血中尼古丁浓度更高，因此，吸烟能增加母亲和胎儿血中的碳氧血红蛋白，导致胎儿缺氧，从而影响胎儿的神经系统发育。母亲孕早期饮酒过量，可导致胎儿酒精综合征，出生后可致活动过度、注意力缺陷和冲动任性。

母亲孕期若服用过作用于中枢神经系统的药物，如抗癫痫药物、抗精神病药物或者吸食毒品，将会给胎儿的神经系统发育带来更为严重的损害，轻者也会使出生的孩子患上多动症，重者可致死胎死产或先天愚型。

另外，剖腹产也与多动症有关。据国内外调查研究资料显示，剖腹产的孩子多动症发病率在60%～80%之间。妊娠、分娩是一种正常的生理现象。妊娠期间，母体内部的各种系统和器官，为了适应胎儿的生长发育发生了一系列的变化，足月妊娠后，子宫肌肉出现节律性的收缩，随之子宫颈扩张，这时，胎儿如果一切情况正常，就会自然而然地顺产道娩出。只有遇到难产、妊娠并发症或合并症时才进行剖腹产。

自然分娩对母婴一生都有很大的好处。一是经阴道分娩，临产前胎儿的全身随着子宫的收缩而得到摩擦，这对出生后孩子的动作发育和协调功能都大有好处。二是经阴道分娩，胎儿全身特别是头部通过弯曲的骨盆动作和软产道的挤压，使新生儿的神经系统得到了良好的训练。三是通过产前的挤压作用，使新生儿的肺部得到锻炼，为自主呼吸创造了条件，能够促使婴儿健康成长。所以说，剖腹产的孩子由于未经阴道分娩，没有经过母亲子宫收缩的摩擦，没有经过母亲弯曲的骨盆动作和软产道的挤压，神经系统没有得到应有的锻炼，出生后就会出现动作不协调、注意力不集中、活动过度、自控能力差等多动症的一些症状。

五、多动症的社会心理病因

大量的研究结果表明，多动症的病因除生物医学因素外，社会心理因素起着非常重要的作用。诸如父母的婚姻不和、父母犯罪、父母亲双方或一方有精神障碍、母亲的不良分娩史、不良的养育环境、低社会阶层、饮食及食品添加剂问题等。在多动症患儿的病史中，这些不良因素并非是单单哪一个因素起作用，而常常是共同作用的结果。

1. 环境因素

所谓环境，泛指人类周围的一切，包括自然环境和社会环境。自然环境又分为原生环境和次生环境两个方面。

原生环境是指自然形成的环境，也叫天然环境。各种自然环境因素像空气、水、土壤、自然界的声音等都与人的生长发育、疾病与健康有着密切关系。原生环境与多动症发生的相关因素，一是某些地区地壳表层放射性物质含量过高，母孕期一直生活在这个环境中，出生后的儿童易患多动症。二是土壤或水源中含铅的地区，儿童也好发多动症。

次生环境，是指由于人为的原因，使原生环境被各种物理的、化学的和生物的因素所污染导致生活条件发生变化的环境。次生环境导致的多动症，主要来源于铅中毒、微量元素缺乏和噪声污染等方面。次生环境带来的铅中毒，主要是空气、水源、土壤中的铅被人吸收。微量元素缺乏主要是饮食不当造成的。噪声的污染主要是来源于工业的噪声。

社会环境与儿童多动症有关。社会制度、社会风气、社会阶层与经济状况、社会文化环境均与多动症的发生有一定关系。不良的家庭环境、破裂的家庭、经济过于贫困、住房面积狭窄、父母性格不良或有其他心理障碍，或长期寄养于不良条件的家庭等，以上不良的社会环境都是造成多动症的危险因素。

儿童从出生到成长，无不受到社会环境的影响。不良的社会风气如酗酒、吸毒、家庭破裂等，在给成人造成危害的同时，也对儿童的心理

产生巨大的负面影响，是造成儿童多动症的不可忽视的因素之一。

2. 家庭因素

家庭成员之间相互理解、和睦相处、气氛祥和、团结友爱能消融不良社会环境所带来的苦恼与挫折，是培育孩子成才的摇篮；而不良的家庭因素，如父母离异的单亲家庭、父母不和、家庭暴力、父母有物质依赖等不良嗜好、父母的精神障碍等因素，都会对儿童多动症的发生、发展和预后有一定影响。

每一个人都会有家庭的烙印。这是因为除了有遗传因素外，家庭环境、养育方式对人的生长发育影响很大。个人成长发育的主要年龄阶段大都是在家庭中度过的。家庭经济状况好，从小就会得到合理的营养，能有效地防止各种营养缺乏疾病的发生，是体格健壮的基础。若从小营养缺乏，体弱多病，不仅影响体格发育，也会影响心理和智力发育。如果是营养过剩、膳食不合理，特别是蛋白质（肉、鱼）摄取过多，蔬菜摄取过少的话，也会发生注意力不集中的情况。

在行为的发展方面，家庭影响也很重要。如家庭中的长辈之间具有亲密感情、文明行为、道德规范等，就会潜移默化地影响到孩子的心理与行为的发展，特别是4岁前这段时间，是儿童身心发育和人格形成的关键时期，父母对其影响最为深刻。孩子处在这个年龄段的时候，如果父母离异或感情不和，经常吵嘴、打架，或动不动就拿孩子出气的话，就会使孩子长期处在焦虑、恐惧的情绪之中，惶惶不可终日。在这种家庭环境中长大的孩子，久而久之会形成攻击性人格、懦弱心理、注意障碍、自控能力不强等。

3. 心理因素

心理、精神因素与多动症的发生有一定关系。这是因为儿童正处于幼稚期，自控能力差，情绪不稳定；这个时期又是幼童认识社会最敏锐的时期，注意力、记忆力、控制力等都在迅速发展。在这个时期，如果说家庭、学校、社会各方面都能给孩子一个良好的心理氛围，孩子的综合素质就会逐步提高，将来就能成为国家栋梁之材。反之，若儿童生长

在一个家庭内部矛盾突出，父母关系紧张，儿童在家得不到感情上的温暖，闷闷不乐；在学校又经常受到不当的体罚教育，老是感到委屈；在社会上由于不合群，常常遭到小伙伴或同学们的歧视，非常孤单。以上家庭、学校和社会上的不正当的方式，都会给儿童造成重大的精神创伤，导致多动症等行为问题。

六、多动症的诊断和治疗

截至目前，多动症仍是比较难以诊断的儿童心理行为疾病之一，尚无明确的病理变化作为多动症的诊断依据，所以，目前主要是以患儿的家长和老师提供的病史、临床表现特征、体格检查（包括神经系统检查）、精神检查为主要依据，进行综合的诊断。

1. 收集病史

儿童的病史主要由其家长或主要监护人来提供，收集病史应当采取面对面访谈的方式，根据家长提供的线索，对重点问题再进行深入的询问。

首先是倾听家长的述说。父母或监护人往往是因为对孩子的问题感到苦恼来看医生，不少家长在谈到孩子的病情时显得非常激动，有的甚至会掉眼泪，要耐心听他们的诉说。其次是等他们的情绪稍微好转后，开始交谈并有目的、深入地询问一些重点问题。根据家长提供的情况，大概了解到孩子可能存在的问题，如注意力不集中、学习成绩不好、冲动任性好发脾气等。询问的问题一般包括以下几点。

（1）询问和了解儿童的主要症状

对注意力涣散、活动过多、学习困难、冲动任性及一些不良行为问题，最好请家长举例说明。如注意力涣散问题，在家做作业或做游戏时能坚持多长时间，能不能专心致志地做一件事情，老师有什么反映等；在什么情况、什么场合下冲动任性，发脾气的频度和强烈程度是什么样子等具体的事例。这样才能了解主要症状，才能客观地进行评价和最终

作出正确的诊断。

（2）询问了解有没有其他相关疾病

儿童多动症与焦虑障碍、抽动症、对立违抗性障碍等一些精神、心理行为疾病共患的情况多见，因此，应详细询问了解儿童合并其他障碍的具体情况，如孩子是否说谎？常在什么情况下说谎？都是给谁说谎？是否有偷家长钱的行为？有没有经常或无故顶撞家长、老师，或故意不服从的行为？有没有经常聚众打架斗殴的行为？

（3）询问了解家庭背景

一要了解是单亲家庭还是核心家庭；家庭关系（孩子的父母是否经常打架、犯罪坐牢），亲子关系（是否经常和孩子在一起，是否经常陪孩子一块玩）如何；对儿童的教养方式（宽、严、放任自流）如何。二要了解父母的文化素养，工作性质，个人嗜好（有无酗酒、吸毒、赌博），脾气性格。三要了解家庭居住环境（住房面积），周边环境（是否紧靠大马路、紧靠噪声很大的工厂或铅、铜污染严重的工厂），邻里关系怎样等。

（4）了解疾病发生发展的过程

儿童从什么时候开始发病，哪些症状逐步加重，哪些症状逐渐减轻等。

2. 观察症状

（1）对多动症儿童进行现场观察

儿童在不同的社会环境中，其行为的外在表现差异性很大，因此，医务人员应仔细观察。医院的诊室对患儿来说是个陌生的环境，要观察孩子进入诊室后是感到受约束、十分拘谨，还是大大咧咧、旁若无人；家长介绍病情时，是安坐静听、依偎大人身旁，还是东张西望、到处乱跑；对父母介绍他的问题是似听非听、无所谓，还是大呼小叫、激烈反对；对医务人员提出来的问题是认真回答，或是所答非所问，还是拒不回答。另外，还可以观察到家庭成员相互之间的关系以及亲子关系。看一看父母之间是相互理解、补充，还是相互埋怨、争吵；对患儿是保护

过度，或是关怀备至，还是态度粗暴、漠不关心。经过观察，可以对儿童的行为以及家庭关系一目了然。

（2）通过交谈观察患儿的症状

与患儿有目的地直接交谈，是了解患儿的心理状况、观察症状，为诊断提供依据的最好方法。比如，对家长反映的注意力不集中、不能按时完成作业、学习成绩不好的问题，通过与儿童交谈，了解是注意力涣散、对老师布置的作业根本没听；或是对家长、老师或其他人有消极对抗情绪；或是有其他心理障碍就是不愿意学习。儿童个人的叙述往往是比较可靠的，与儿童交谈中发现的问题是比较真实的。因为有的孩子父母管教方式不当，孩子往往不给家长讲实话，只要医务人员交谈的方法正确，大多数孩子还是愿意讲真话的。

3. 综合检查

综合检查就是要根据病史，分别进行体格检查、神经系统检查、物理检查及实验室检查。

体格检查，包括神经系统检查，是指对人体形态结构和机能发展水平进行检测和计量。通过体格检查，可以获得被测对象的身体形态特点、发育程度、健康状况、机能水平的各种准确信息，根据这些信息来进行最终的判断。

物理检查包括脑电图、脑电地形图；CT、核磁共振扫描、正电子发射断层扫描、单光子发射断层扫描等。

实验室检查包括遗传学检查：（染色体及基因检查）及生化检验（某些特殊的生化测定如铜蓝蛋白，苯丙胺酸、甲状腺能力，铁、锌等微量元素，血铅测定）。

4. 多动症的治疗

有人认为多动是孩子的天性，长大就会自己控制，不需要治疗。这种认识是非常错误的。如果不对多动症患儿进行及时治疗的话，孩子越来越大，症状越来越严重，治疗起来就很困难了。为什么这么说呢？这是因为，多动症和其他疾病一样，发现得越早，治疗得越及时，疗效就

越好。多动症的治疗，主要是从以下几个方面入手。

（1）认知行为治疗

通过语言的自我指导、角色排演、自我欣赏和自我表演的方法，改善和纠正患儿的行为问题。

（2）特殊教育

利用适合多动症儿童的教育环境和方法，促使他们在学习中发挥自己的潜力，帮助他们提高学习成绩，使其学业水平与智力水平保持一致。

（3）社会化技能

鼓励多动症儿童与有同情心的伙伴多接触，参加各种活动，为他们提供完成社会化化的环境。

（4）躯体训练项目

躯体训练主要包括拳击、健身、田径运动、游泳、网球等，使躯体的外观和感觉处于良好的状态。感觉统合训练是多动症儿童躯体训练的好方法，通过感觉统合训练，可以促进多动症儿童更好地自我控制、自尊和自律。感觉统合训练的内容，我们在后面会专门进行介绍。

（5）药物治疗

哌甲酯，又名利他林，是目前国内最常用于治疗多动症的药物。国内外的临床研究证实，哌甲酯能显著地改善儿童的注意力、自控力和学习能力，减少多动性行为障碍。治疗学龄期儿童多动症的有效率在70%～96%。用药后注意力不集中、活动过多及冲动任性症状有所改善，学习成绩有所提高，同小朋友及父母之间的关系也逐步好转。

治疗多动症常用的药物，还有苯丙胺、匹莫林、咖啡因以及脑活素等。这些药主要是中枢神经兴奋药，而不是镇静药。在临床工作中，不少家长看了药品说明书后，常常会提出“我的孩子是多动症，为什么还要用兴奋药呢”这样的问题。

这是因为多动症患儿的脑电图表现为较多的慢波活动，觉醒程度较低。这种低觉醒程度在精神生化上表现为大脑皮质的去甲肾上腺素水平

低或功能不足。中枢兴奋剂的作用机制是促使去甲肾上腺素的释放并抑制其再回收，使两个神经细胞之间的去甲肾上腺素浓度升高，从而达到提高大脑皮质觉醒水平、改善和提高注意力、减少活动过多的目的。

多动症的孩子在什么情况下适合药物治疗，第二军医大学制定了对多动症的用药标准。

一是孩子年龄在 7 岁以上，完全具备多动症的诊断标准，包括多动、思想不集中、行为障碍、任性冲动及学习困难等，经脑诱发电位检查及心理测试证实为多动症者应立即开始药物治疗。

二是虽然无多动的表现，但思想完全不能集中、学习困难、成绩很差者，亦应进行药物治疗。

三是虽然学习无困难，但有严重的多动、任性冲动、不守纪律、严重影响课堂秩序使老师无法授课者，也要进行药物治疗。

四是虽然有多动，思想不集中，但学习成绩尚可者，可暂不用药物，应进行心理治疗、感觉统合训练及脑电生物反馈等治疗；症状加重或学习成绩下降者，再进行药物治疗。

七、多动症儿童的家庭康复

多动症儿童的治疗和康复，除了教师和医生付出努力外，更主要的是需要来自家庭的配合，孩子被确诊为多动症后，父母及其他家庭成员要正确对待，给孩子创造一个康复的良好家庭环境。

1. 家长应关爱多动症患儿

（1）要注意保护孩子的注意力和兴趣。多动症孩子的心理机制主要是注意力不集中，神思涣散，不能够专心致志地学习和游戏。家长应根据孩子的这些病理特点，想方设法地保护孩子的注意力，特别是当孩子集中注意某项活动或某件事情时，不要粗暴地干涉他，即使是孩子做的这项活动或事情有错误时，也不要大声训斥，而是要心平气和地给孩子讲清楚道理，并教给他正确的做法。

（2）对孩子的良好行为表现给予表扬和称赞。对于多动症孩子的一些好的行为表现，应立即给予口头的表扬或赞许；不论是在一天当中有多少次好的表现，都要一一给予表扬和称赞，对于突出的表现，要给予突出的奖励，除口头的精神鼓励外，还包括物质的奖励，如买小玩具、去公园等。

（3）对孩子的过错，在讲清道理的基础上进行惩罚。对于孩子的过错，也就是不良行为，不要一开始就惩罚。在希望改变孩子的某些不良行为之前，必须告诉孩子什么是良好的行为规范，应该如何去做，当孩子这样做了，就应及时进行表扬奖励；如果不这样去做的话，应受到什么样的惩罚等。一旦孩子违犯，就按照事先的约定去进行惩罚。

2. 家长要配合医生对患儿进行正规治疗

既然儿童多动症是一种心理障碍，所以治疗起来时间比较长，见效比较慢。在孩子的治疗康复当中，父母对待多动症患儿的态度和方法，是关系到治疗成功与否的关键问题。因此，父母要做到以下几点：

一是父母要了解多动症的一般知识，分析孩子的多动症是什么原因造成的，如何按照医生的要求，创造良好的家庭治疗氛围。

二是在掌握孩子发病规律的基础上，帮助孩子避免过度兴奋、激动与过度疲劳。

三是克服对孩子简单粗暴、不讲道理以及保护过度、溺爱无边等不良的家庭教养方法。

四是如果父母有心理障碍，必须与孩子同时接受心理治疗。或者是父母的治疗在先，也就是说先解决父母的心理障碍，再对患儿进行治疗，这样会取得事半功倍的效果。

五是要按照医生的要求进行正规治疗。一些初次到医院进行诊疗的多动症患儿，往往是用药一个疗程后效果就非常明显，家长认为孩子好了，就不再进行治疗了，过了一段时间，孩子的多动症又复发了，再去医院治疗就没有第一次的治疗效果好了。有的孩子这样反复多次，症状越来越复杂，学习成绩越来越差，甚至辍学。所以，在对多动症孩子的

治疗上，一定要正规，并且要药物治疗、心理治疗、教育训练综合进行，治疗效果才更显著。

六要对孩子始终保持期望。面对一个多动症的孩子，有的家长会失去信心和希望，变得脾气急躁。当所有的办法都用尽而效果仍不明显时，变得灰心丧气，甚至对孩子不管不问，放任自流。这是不对的，这是一种对孩子、对家庭、对社会不负责任的消极态度。应该学会谅解，学会克制，这是因为你面对的是一个有病的孩子，要保持冷静，要对孩子充满希望，只要方法对头，孩子的多动症是可以治好的。

3. 多动症儿童饮食上应注意的问题

根据多年来的研究表明，在多动症患儿的饮食上，应坚持“三多三少”的原则。

“三多”是指多吃富含蛋白质和卵磷脂的食物，多吃含锌食物和多吃含铁食物。

（1）多吃富含蛋白质和卵磷脂的食物。因为蛋白质和卵磷脂这些营养物质参与脑的代谢，可以改善大脑的神经传递信息，达到缓解多动症症状的目的。所以在家庭膳食上应注意给孩子进行调节。富含蛋白质和卵磷脂的食物主要有各种动物的肝脏及心脏、鱼（鱼子）、鸡蛋、大豆（豆制品）、核桃仁、花生米；虾米、海带、紫菜、淡菜等海产品（因为这些海产品中含有多种能够安定神经的物质）；牛奶等。

（2）多吃含锌食物。孩子缺锌会造成记忆力差，注意力不集中，生长发育迟缓，智力发育差，多动、任性等问题。所以多动症的孩子应多吃富含锌的食物，如肉类、动物肝脏、南瓜子、脱脂奶粉、花菜、卷心菜等。

（3）多吃含铁食物。因为铁是人体不可缺少的造血的原料，缺铁会造成大脑的功能紊乱、注意力涣散等。因此，多吃含铁的食物有助于多动症患儿的康复。含铁比较丰富的食物有：动物血（鸡血、鸭血、猪血）、动物肝脏、动物肾脏、大豆、黑木耳、芝麻等。

“三少”是指少吃辛辣刺激性食物，少吃含酪氨酸及甲级水杨酸的

食物，少吃糖。

（1）少吃辛辣刺激性食物。一些辛辣刺激性食物和调料如辣椒、胡椒面等，食用后容易令人兴奋、躁动不安。所以，多动症患儿不宜多吃这些东西。

（2）少吃含酪氨酸及甲级水杨酸的食物。含酪氨酸及甲级水杨酸的食物也有兴奋作用，多动症患儿应少吃为好。常见的含酪氨酸的食物如挂面、糕点等；含甲级水杨酸的食物如西红柿、苹果、橘子等。

（3）少吃糖。因为糖在体内分解产生能量时，会产生丙酮酸和乳酸等废物，而这些废物靠含有维生素 B1 的酶分解后排出体外。如果说孩子吃糖很多的话，会使体内的维生素 B1 大量消耗，导致维生素 B1 缺乏而影响丙酮酸和乳酸等废物的排出。如果丙酮酸和乳酸在人体内堆积过多，会令人不安，出现莫名其妙的恼怒、脾气急躁、情绪激动等症状。所以，多动症的孩子不能多吃糖，否则，会加重病情。

第二节　学习困难与抽动症

抽动症又被称为抽动—秽语综合征，是一种以运动、语言和抽搐为主要特点的综合征或行为障碍。以眼、面部、四肢、躯干部肌肉不自主抽动，或伴有喉咙异常发音及污秽语言为主要表现，是儿童较常见的心理行为疾病。抽动症起病多在21岁以前的青少年时期，以2～12岁年龄段之间发病为多，男多于女；病程长，反复发作且逐渐加重，如不及时治疗，轻者影响正常的学习和生活，重者可发展为反社会人格。

患有抽动症的学生，其身体病症导致其学习效果不好；并且更为主要的是，外显的抽动症状常常为其带来精神和心理上的压力，在学习上产生自卑心理，进而导致学习困难。

一、抽动症的临床表现

抽动症主要的临床表现是，相继或同时出现肌肉抽搐和异常发声，或伴有秽语。抽搐突然、快速而复杂。常由面部开始，逐渐波及颈、肩部肌肉而后达躯干及上下肢。面部不自主运动，常表现为眨眼、斜眼、扬眉、张口、缩鼻、做怪相等；头颈部抽动表现为点头、摇头、斜颈、挺颈、扭脖子、耸肩膀等；躯干部的抽动表现为挺胸、扭腰、握拳、甩手、举臂、踮脚、抖腿、步态异常等。

异常发声或伴秽语，不由自主地发出干咳声、吼叫声，或“啊啊”、“吭吭”、“喔喔”、“嘘嘘”声，或发音时重音不当，或如犬吠；

可同时伴有秽语、咒骂，或随地吐唾沫。

抽动症的运动抽搐或发声抽搐临床上有不同的类型。

简单运动性抽动：突然的、短暂的、没有意义的运动，如眨眼、侧视、耸鼻、撅嘴、张嘴、耸肩膀、做鬼脸、点头、上肢突然抖动、腹肌抽动、踢腿等。

复杂运动性抽动：稍慢一些的、持续时间稍长一些的，似有目的的运动行为，如咬唇、拍手、冲动性地触摸人和物，打或闻自己或者他人身体某部位，投掷动作，弯腰、后仰、旋转、跳跃、单脚跳、下蹲，或模仿他人的动作，淫秽的姿势等。常见的复合运动抽搐是打自己、蹦、跳、触摸以及拾起东西闻等。

简单发声性抽动：突然的、无意义的发声。如吸鼻、清咽、咳嗽、尖叫、呕吐声、犬吠声等。

复杂性发声抽动：突然的、无意义的发声，如无目的地重复词或短句，包括重复自己的和他人的词或短语、秽语等。部分患儿抽动前有局部不适或紧张感，只有抽动方可缓解。

二、抽动症的症状特征

抽动症的主要特征是一种不自主的、突发性的、快速的、反复发生的、无节律的、方式固定的运动或发声。患者感到抽搐的发生是不可抗拒的，但可强忍一段时间。各种形式的抽搐障碍常因心理紧张而加重，睡眠时消失，当全神贯注于某项活动如看电视、读书、或做游戏时，抽动随之减少。全身各部位抽动的特点是：

眼部：扬眉、皱眉、眨眼、斜睨、凝视、翻白眼等。

口部：吮手指、咬牙、咬铅笔、咬嘴唇，或不停地吐唾沫、口吃等。

面部：撅嘴、咧嘴、皱鼻、扮鬼脸等。

颈部：摇头、点头、扭脖子、耸肩膀等。

上肢：甩手、搓手指、举臂、扭动手臂、握拳头等。

下肢：踮脚、抖腿、踢腿、旋转、跪下走路、步态异常等。

躯干：挺胸、扭腰、身体扭转、腹肌抽动等。

喉部：干咳声、清嗓声、吼叫声等。

秽语：不自主地污言秽语、说脏话，或骂人等。

其他行为异常：重复、刻板的语言或动作，强迫性的行为，冲动性的触摸动作，模仿别人，猥亵举动或控制不住的下流动作；也可能发生破坏物品、自伤、伤人或侵犯别人的行为。

以上各类症状，有的同时出现，有的是先发生一类症状，一段时间后换另一类或几类症状，或各类症状交替出现。患者发作时意识清楚。

三、抽动症的病因

抽动症的病因目前尚不十分清楚，但从近年来的研究结果表明，主要与遗传因素、神经生化因素、器质性因素、社会心理因素及药源性因素有关。

1. 遗传因素

目前许多研究工作者认为，抽动症是可以遗传的。研究结果表明，双胞胎共同患抽动症的较多，抽动症患者的一二级亲属中，抽动症及其他心理行为疾病较正常人多见。科研工作人员认为，抽动症遗传的方式可能是常染色体显性遗传或多基因遗传。

2. 神经生化因素

近年来，通过神经递质与行为以及神经药物作用机制的研究，提示抽动症与中枢神经递质失调有关。有学者认为本病的主要病理变化可能是在纹状体多巴胺系统的靶细胞受体，由于纹状体多巴胺活动过度，或是突触后多巴胺受体超敏所致；也有的学者认为，抽动障碍与去甲肾上腺素及5－羟色胺功能失调有关，或是由于脑内r－氨基丁酸的抑制功能降低，以致发生抽动。此外，近年来对内啡呔的研究表明，中枢神经

系统多巴胺、5－羟色胺以及 r－氨基丁酸的多种神经递质的失调，可能是继发于内源性鸦片系统功能障碍，故认为内啡呔在控制秽语综合征病理机制中有重要影响。

3. 抽动症与脑器质性病变

目前的研究结果表明，57.9% 的抽动症患者有神经系统软体症，50% ～60% 的抽动症病人脑电图异常，主要为慢波或棘波增加，但是没有特异性改变。少数病例头颅 CT 异常。有人认为抽动—秽语综合征、行为运动的异常与杏仁核—纹状体通路障碍有关；不自主发声可能是与扣带回基底节及脑干不规律放电有关，所以说，抽动症可能是器质性病变。

4. 社会心理因素

社会心理因素可以造成或者诱发抽动症。

一是母亲孕期遭受某些应激事件，如家庭暴力、过度惊吓、突如其来的精神刺激、严重的妊娠反应，特别是妊娠头 3 个月的严重妊娠反应是导致子代发生抽动障碍的高危因素。

二是婴儿出生后的应激，如产伤、惊吓、高烧、抽搐等因素均可导致抽动—秽语综合征的发生。

三是儿童受到精神创伤，长时间过度的精神紧张、意外事件的刺激、脑外伤等可诱发或加重抽动症状。

四是营养达不到大脑功能的需求，如必需的氨基酸、牛黄酸、核苷酸、必需脂肪酸、卵磷脂、铁、锌等摄入量过少，就会影响脑功能，可能会造成或诱发抽动症。

另外，由于长期服用或者大剂量服用中枢神经兴奋剂，或长期大剂量服用抗精神病药物如利他林、匹莫林等可引起抽动症。

四、抽动症的诊断和治疗

1. 短暂性抽动障碍的诊断标准

短暂性抽动障碍：又称抽动症、单纯性抽动或儿童习惯性痉挛，常见于5~7岁的儿童，以简单性运动抽动和简单性发声抽动为常见；病程<1年。

《中国精神疾病分类方案与诊断标准（CCMD-3）》

（1）有单个或多个运动性抽动或发声性抽动，常表现为眨眼、扮鬼脸或头部抽动等简单抽动。

（2）抽动天天发生，1天多次，至少已持续2周，但不超过12个月。某些患儿的抽动只有单次发作，另一些可在数月内交替发作。

（3）18岁以前起病，以4~7岁儿童最常见。

（4）不是由于发声与多种运动联合抽动障碍、小儿舞蹈病、药物及神经系统其他疾病所致。

2. 慢性抽动障碍的诊断标准

慢性运动性抽动或发声抽动障碍以简单、复合运动抽动和简单性发声抽动多见，发声和抽动不同时存在，一般不超过3个肌群；病程>1年。

《中国精神疾病分类方案与诊断标准（CCMD-3）》

（1）不自主运动抽动或发声，可以不同时存在，常1天发生多次，可每天或间歇出现。

（2）在1年中没有持续2个月以上的缓解期。

（3）18岁前起病，至少已持续1年。

（4）不是由于发声与多种运动联合抽动障碍、小儿舞蹈病、药物及神经系统其他疾病所致。

3. 多发性抽动秽语综合征的诊断标准

发声与多种运动联合抽动障碍，也就是抽动秽语综合征。以进行性

发展的多部位运动性和发声性抽动为特征的抽动障碍，部分患儿伴有模仿言语、模仿运动，或强迫、攻击、情绪障碍以及注意缺陷等行为障碍，起病于童年。

《中国精神疾病分类方案与诊断标准（CCMI－2－R）》

（1）症状标准：表现为多种运动性抽动和一种或多种发声性抽动，多为复杂性抽动，二者多同时出现。抽动可在短时间内受意志控制，在应激下加剧，睡眠时消失。

（2）严重标准：日常生活和社会功能明显受损，患儿感到十分痛苦和烦恼。

（3）病程标准：18 岁前起病，症状可持续至成年，抽动几乎天天发生，1 天多次，至少已持续 1 年以上，或间断发生，且 1 年中症状缓解不超过 2 个月。

（4）排除标准：不能用其他疾病来解释不自主抽动或发声。

4. 抽动症的治疗

针对抽动症状的治疗，较常用的药物有氟哌啶醇（又称氟哌丁醇）、吩噻嗪类药物，如奋乃静、四本嗪、泰必利等。

氟哌啶醇为多巴胺受体强有力的阻止剂，治疗抽动—秽语综合征效果比较突出，临床应用有 80% 以上的病人取得症状缓解的疗效。治疗时应从小剂量（0.5 毫克，每日两次）开始，然后达到小儿每日剂量4～8毫克。

氟哌啶醇的缺点是锥体外系不良反应，有动作减慢和肌张力增高的副作用，主要表现如震颤、强直，静坐不能、惊跳、便秘、嗜睡，严重者有伸舌、张口困难、歪颈等；还有的会发生记忆力减退，注意力不集中等现象；部分儿童的副作用十分突出，以致影响到治疗的继续。为了避免以上副作用，一是采用平时小剂量用药，一般每日 1～4 毫克为宜，症状加重时增加剂量的方法；二是也可适当加用安坦，以抵消氟哌啶醇的副作用；三是与硝基安定联合应用，效果会更好。

对于伴发多动症的患儿，应首选可乐定，如效果不明显，可用抗抑郁药。

五、抽动症儿童的家庭康复

作为抽动症患儿的父母和教师，要正确地对待孩子，由于孩子的抽动，甚至说脏话是一种病态，而不是故意的，所以，不能以粗暴的态度或行为对待孩子。若对孩子进行打骂或不适当的惩罚，只能加重孩子的病情。尤其是孩子的家长，要学习和了解抽动症的一般知识，基本掌握孩子发病的原因、症状类型、发病规律，积极配合医师对孩子进行正规治疗。要按照医师的要求，合理安排好孩子的日常生活，尽量避免孩子的过度兴奋或紧张。

临床研究证明，多数抽动症患儿有偏食和挑食的毛病。为了使抽动症患儿早日康复，合理安排他们的饮食非常重要。

一是要使患儿养成有规律的饮食习惯，尽量让孩子少吃零食。这就要求父母在膳食的制作上应品种多样，合理安排孩子的饮食。

二是掌握患儿的饮食原则。所谓抽动症患儿的饮食原则，就是说哪些食品可以多吃一点，哪些食物应该少吃一些，哪些食物不应当让孩子吃。

由于抽动症孩子营养达不到大脑功能的需求，如必需的氨基酸、牛黄酸、核苷酸、脂肪酸、卵磷脂、铁、锌等摄入量过少，而影响了脑功能。因此，富含蛋白质和卵磷脂的动物肝脏、心脏、鱼、鸡蛋、大豆及其豆制品、核桃仁、牛奶；锌、铁含量较高的瘦肉、动物（鸡、鸭、猪、羊）血、花生米、黑木耳、卷心菜等可以多吃一点。

患有抽动症孩子在饮食上还应注意：

辛辣、刺激性的食物和调料应该少吃。如辣椒、胡椒面、生姜、生葱等。因为这些食物或调料大量食入后会引起人的兴奋或躁动不安，可以加重或诱发抽动症，所以应少吃。

还要少吃橘子、苹果、西红柿、菠萝、李子、杏等含有甲级水杨酸盐的水果及其制品。因为甲级水杨酸盐能够影响大脑神经信息的传递，

而加剧抽动症状。另外，还要少吃糖，这是因为吃糖过多会造成人的情绪激动，诱发抽动症。少用或尽量不用含有色素的饮料。

不吃含铅的食品如松花蛋、贝类、红虾、炒葵花子、爆米花、膨化食品等。因为铅是一种大脑毒素，孩子体内最好一点铅都没有，否则的话会加重孩子的病情。

此外，尽量少给抽动症的孩子吃工业食品，多让孩子吃在家庭烹饪的食品。这是因为所有的工业食品，都含有不同程度的食品添加剂，而这些食品添加剂对正常的孩子来说，只要适量，可能影响不大，可是对于抽动症的孩子来说，有百害而无一利。

第三节　学习困难与儿童孤独症

儿童孤独症又称自闭症，或孤独性障碍，是一种较为严重的发育障碍性疾病。由美国的一位精神病学家于1943年首先报道，他描述了所发现的这些儿童的特点是，“从生命早期开始，就表现为不能像正常儿童一样与周围的人们和环境建立联系”。他将这种状况称为“孤独性情感交往紊乱”。有关的名称还有儿童精神病、孤独症、广泛性发育障碍和儿童非典型发育。

儿童孤独症会把学生封闭在自己的世界里，难以完成正常的学习活动，从而严重影响到学习的效果，形成学生学习困难的情况。

一、儿童孤独症的临床表现

1. 社会交往障碍

（1）婴儿期的主要表现：大部分孤独症患儿对人缺乏兴趣，独自一人，不愿看别人，回避目光接触，对母亲和亲人没有依恋感；2～3个月时不会笑，4～5个月时对母亲的亲吻没有反应，6～7个月时还分不清亲人和陌生人；没有期待被抱起的表示，抱起时身体僵硬，不愿与人贴近；不会像正常小儿一样咿呀学语，只是哭叫或显得特别安静。

（2）幼儿期的主要表现：随着年龄的增长，表现出不愿与人交往，对陌生人不陌生、对亲人不亲；不会与父母和其他人有眼对眼的对视，不注视人，呼之无反应；不与小朋友一块玩耍，更不可能与周围的小朋

友建立友谊；对周围的人和事物视而不见，听而不闻，从不寻求安慰。

（3）学龄期的主要表现：症状较轻的患儿，上学后，可能对父母、同胞有友好的感情，但是，仍然不能与人进行主动的交流；对他人的情绪缺乏理解与反应，不能根据社会交往场合来调整自己的行为。

（4）成年后的主要表现：婴幼儿期没有进行正规治疗和特殊训练的患儿，成年后，缺乏社会交流技能，甚至不能建立恋爱关系与结婚。

2. 交流障碍

语言交流障碍是孤独症中表现得最为显著的特征，其中包括非语言性交流障碍和语言性交流障碍。

（1）非语言性交流障碍：是指患儿缺乏相应的面部表情及肢体语言，很少用姿势、动作与人进行交流。比如很少用点头、摇头、摆手等表示他们的愿望，只会拉着大人的手或衣服走向他所想要的物品。

（2）语言性交流障碍：一是语言理解能力受损，不理解或不能理解别人讲话的意思。二是语言发育延迟或不发育，指病儿语言发育较同龄儿童较晚，有些甚至不发育，仅以手势或其他形式表达自己的要求。也有部分病儿2~3岁以前，语言功能出现，后来又逐渐减少甚至完全丧失。三是语言形式、内容异常，指孤独症病儿语言功能即使存在，也不会主动与人交流；不会用人称代词，经常把“你，我，他”混淆，常常重复对方的话，不会说“是”，只有简单的刻板的几个字或词重复使用，更不用说有任何感情色彩了；其语言的语调、语速、节律、重音也异常。四是语言运用能力受损，有些孤独症患儿会背儿歌、广告词，而用于交流的语言少，不会主动交流，只会用刻板重复的短语进行交谈，而且常常纠缠于同一话题。

3. 感知觉障碍

孤独症儿童还有兴趣狭窄，刻板重复的行为方式及感觉、动作和智能障碍。

（1）兴趣狭窄：坚持同一格式和仪式性强迫行为。主要表现为患儿对一般儿童所喜爱的玩具和游戏缺乏兴趣，尤其是不会玩具有想象力

的游戏，但对一些通常不作为玩具的物品却特别感兴趣；对一些无生命物体如纸盒、易拉罐常产生依恋，如果把这些物品拿走的话，则会哭闹不安；对动画片不感兴趣，而常常迷恋于看广告、天气预报；对游戏及生活环境一成不变，一旦发生变化就会焦虑不安；喜欢旋转，或喜欢看转动的物体，或重复排列某一种物品等。

（2）感觉和动作障碍：指患儿对疼痛及危险一无所知，对外界刺激麻木，但对某些声音或图像特别敏感，常会引起惊恐或烦躁不安；患儿常坐不住、动不停，常用脚尖走路或以跑代走，莫名其妙地哭或笑。

（3）智能和认识障碍：患儿中约有 50% 处于中度或重度智能低下，25% 为轻度低下，还有 25% 可保持正常；还有 1/3 左右的患儿合并癫痫。

二、儿童孤独症的病因

最初，有学者认为孤独症的病因是由于父母亲在情感方面的冷漠和教养过分形式化所造成的。经过数十年的广泛研究，现在已经证实孤独症与父母亲教养方式基本无关，而所谓一部分孤独症父母表现的冷漠和教养形式化其实表明父母可能存在轻型的类似障碍。尽管目前孤独症的病因仍不明了，有关学者对孤独症的病因进行了极为广泛的研究，越来越多的证据表明生物学因素（主要是遗传因素）和胎儿宫内环境因素在孤独症的发病中有重要作用，成为目前病因研究的热点。其他因素包括免疫因素、营养因素、睡眠因素等，综合有关研究，目前认为，孤独症是由于外部环境因素作用于具有孤独症遗传易感性的个体所导致的神经系统发育障碍性疾病。

1. 遗传因素

近年来大量的有关研究集中在寻找其他有关染色体和基因异常，来自母亲的 15 号染色体长臂、X 染色体、7 号染色体长臂区域的异常被认为与孤独症有关。采用分子生物学技术，也发现了一些可能与孤独症

相关的所谓候选基因，例如 5 – 羟色胺载体基因。多数学者认为，孤独症很可能不是一个单基因遗传性疾病，多基因遗传可能性较大。

2. 感染与脑器质因素

在感染方面，母亲孕期风疹病毒感染、巨细胞病毒感染，也就是胎儿期的损伤史，被认为可能与儿童孤独症发病有关。在对孤独症的脑器质因素研究方面，孤独症患儿大多脑电图异常，或神经系统软体征及癫痫发作；核磁共振研究表明，部分患儿存在第四脑室扩大、小脑蚓部小叶发育不全及脑干明显缩小。

3. 免疫因素

研究发现，孤独症患儿的辅助 T 细胞和 B 淋巴细胞数量减少，抑制—诱导 T 细胞缺乏，自然杀伤细胞活性降低，由此可使患儿在新生儿期及婴儿期易受病毒感染，导致中枢神经系统受损，从而发生孤独症。

还有研究发现，在孤独症儿童中自身免疫性疾病发生率较高，T 淋巴细胞亚群也与正常人群有差别，近年又有报道注射 MMR（麻疹、腮腺炎、风疹疫苗）可能与孤独症存在相关关系，这些发现均提示孤独症与免疫系统异常有关。

4. 神经生化因素

临床试验证明，有 1/3 的孤独症患儿血中 5 – HT 增高，进一步检验，这种现象同样也存在于患儿的亲戚中；检验中还发现，孤独症患儿脑脊液中 DA 代谢产物 HVA 水平的增高与孤独症的刻板行为有关；5 – HA 代谢产物 5 – HIAA 的增高与症状的严重程度有密切联系。

5. 睡眠因素

孤独症患儿多因严重的睡眠不足，造成了脑的广泛的发育障碍。科学研究结果显示，临床上睡眠被全剥夺 60 小时以上，便会出现一系列的不适应症状。这些症状包括疲乏、焦虑、激动、发怒或不友好、注意力涣散，思维迟钝、动作缓慢、头痛、耳鸣、复视等。如果睡眠全剥夺 100 小时以上，便无法完成脑力工作，嗜睡极为严重，会出现明显的意

识障碍，出现明显的幻觉和精神症状，个别被测试者会出现类似精神分裂的行为，还会出现注意力、学习、记忆功能缺失。如果患儿一直睡眠正常，可能就不会发展到孤独症。而患孤独症的病儿几乎每个患儿都不能进入深睡眠，当然也有一部分患儿出现嗜睡，不哭，不闹，这样的孩子也极易发展成为孤独症。

三、儿童孤独症的诊断和治疗

1. 儿童孤独症的诊断标准

儿童孤独症的诊断须符合下列五条标准：

（1）通常起病于3岁以内。

（2）接触交往障碍需具有下列四项症状的其中两项：

①不能用注视、表情、姿势或手势进行交往；

②不能与其他孩子建立伙伴关系；

③遇到挫折时，不会寻求支持或安慰。当别人遇到挫折时，也不会主动给予别人支持和安慰；

④不能对集体的欢乐产生共鸣。

（3）言语交往障碍需具备下列四项症状的其中两项：

①言语发育延迟或不发育，例如不会咿呀学语，可有以手势或其他形式代替言语交流的倾向；

②如有某种程度的言语功能，也缺乏主动的或持续的言语交流；

③刻板重复地使用某些语词，或别出心裁地使用某些语词；

④言语的声调、速度、节律、重音等方面的异常。

（4）兴趣和活动异常需具备下列症状之一：

①兴趣刻板、狭窄；

②对某种东西特别依恋；

③强迫性地进行某种特殊的仪式性行为；

④刻板重复的动作和姿势；

⑤对某些东西（例如玩具）的非主要特性特别感兴趣（例如它们的气味、表面感觉和产生的噪声等）；

⑥对个人生活环境不愿或拒绝作任何的变动。

（5）排除儿童精神分裂症及婴儿痴呆。本症须与下列疾病区别：

Heller综合征（又称婴儿痴呆或瓦解性精神病）：是一种衰退性障碍，一般在起病前有一个明确的正常的发育过程。多数于2~4岁起病，经数月后，患儿完全丧失语言的功能，迅速发展为痴呆等特征可以区别。

儿童精神分裂症：多起病于少年期，一般发育正常，智力正常，具有精神分裂症的基本症状，如情感、思维障碍、幻觉、妄想等，病程可自发波动或缓解以资鉴别。

精神发育迟滞：是以不同程度的智力低下和适应能力缺陷为主要特征。轻、中度精神发育迟滞者，一般能保持合群交往参与集体活动，并可能接受训练、重度者多伴有先天畸形、外貌痴呆等征象。

2. 儿童孤独症的治疗

（1）医学治疗干预

目前尚无特效药物治疗儿童孤独症，但某些药物可改变部分症状。

①抗精神病药物，如盐酸甲硫哒嗪、舒必利等。

②改善和促进脑细胞功能药，如脑活素、胞二磷胆碱等。

③维生素B_6和镁剂。

④叶酸。

⑤抗抑郁药、中枢神经兴奋药（伴多动、注意缺陷患儿）。

（2）教育训练

进行语言、认知、社会交往、生活自理，感觉统合能力等方面教育训练。

（3）行为治疗

针对患儿具体情况，制订行为治疗方案。

四、儿童孤独症的家庭康复

1. 保证患儿的睡眠

让孩子养成固定的睡眠习惯，每到时间必须关灯，逐渐形成睡眠的生物钟规律。一开始，即使患儿不睡也不可通宵开灯，以免打乱其正常的生理规律。为了恢复患儿的正常睡眠，要做到以下几点：

（1）睡眠时注意保暖，尤其是足部腹部不可受凉。

（2）可以用摇篮（大一点的孩子可以用吊床）轻轻摇晃，促使患儿入睡。

（3）家长可用轻声讲故事、唱儿歌、哼催眠曲等方法促进患儿入睡。

（4）在患儿入睡前，放具有催眠作用的音乐让患儿入睡；若患儿睡不沉的话，也可以持续放音乐，以保证患儿持续的睡眠。

2. 恢复或促使语言功能的发育

语言的训练对于孤独症患儿的康复最为关键，但同时也是非常困难的。这就要求家长对患儿的治疗和康复树立“五心”：一是要自始至终对孩子保持爱心。二是要坚定能让孩子康复的信心。三是要有坚持不懈地恒心。四是要有百厌不烦的耐心。五是要有决心。

这是因为语言训练对于孤独症患儿来说，不光是困难很大，而且在训练中会有多次反复，你一定不要半途而废，“有一分耕耘，就会有一分收获”，只要坚持下去，孩子的康复是有希望的，黑暗就会过去，曙光就在前面。

3. 训练孩子的社会交流技能

在对孩子进行语言训练的同时，逐步进行社会交流技能的训练，并且这比单纯的语言训练更有必要。有的家长认为“只要孩子会说话了，一切就都好了”，显然这是一种误区，因为会说话并不等于会交流。有的孤独症儿童，语言能力上不存在什么问题，甚至可以背诵许多唐诗，

但却无法与外界正常交流。

从理论上讲，言语发育障碍是孤独症儿童的主要症状之一，但其实质是大脑中枢神经系统发育不健全，因此只有首先促进大脑思维的发展，才能促进言语的发展。从语言学上讲，语言是人类交际的工具，如果人的言语起不到交际的作用，那么言语本身也不会失去其存在的意义。所以，不能片面强调孤独症儿童的语言训练，不能以为会说话而去单一训练语言，而应以提高思维水平为目的，采取不仅是语言的训练，还包括认识能力、感觉运动等综合训练的方法。

第四节　学习困难与睡眠障碍

随着社会的发展和生活节奏的加速，人们的生活方式和工作节律正在发生着明显与急剧的变化。传统的“日出而作，日落而息”的起居习惯受到快节奏、高竞争的挑战，这种心理压力使不少的人失去了“高枕无忧”的乐趣。儿童受到的危害更为突出。

据美国的一项调查研究显示：2～15岁的儿童睡眠障碍占同龄儿童的50%以上，梦呓的发生率为32%，入睡困难为23%，夜间磨牙为10%，尿床为17%，夜惊为7%，梦魇11%。我国某地的一项研究显示，1～6岁儿童睡眠障碍的发生率高达46.97%，梦游的发生率为1.93%，梦呓为24.83%，鼻鼾症为16.84%，磨牙为19%，梦魇和夜惊为12.14%。

睡眠障碍不但使儿童的体格生长发育滞后，而且能导致神经精神发育异常，带来儿童学习困难，造成学习成绩下降，应当引起家长、学校老师和全社会的普遍关注。

一、睡眠障碍的类别

睡眠障碍，也就是失眠，或者说是因种种原因，不能按生理要求达到年龄段应当有的睡眠时间。睡眠障碍，也称睡眠剥夺，包括完全性睡眠剥夺、不完全性睡眠剥夺、选择性睡眠剥夺、片断化睡眠和恢复睡眠。

1. 完全性睡眠剥夺

完全性睡眠剥夺就是在一定时期内完全不能入睡，这种情况比较少见。

2. 不完全性睡眠剥夺

不完全性睡眠剥夺是指在较长时间内睡眠总时间减少。在现实生活中，不完全性睡眠剥夺是最常见的睡眠剥夺形式。它包括短期不完全性睡眠剥夺，长期不完全性睡眠剥夺。短期不完全性睡眠剥夺，一般是指在三五天，最多 10 天内每晚比生理睡眠时间少睡 3 个小时以下；所谓长期不完全性睡眠剥夺是指持续 10 天以上，连续每晚比生理睡眠少睡 3 个小时以上。

3. 选择性睡眠剥夺

选择性睡眠剥夺就是在对整个睡眠时间及其他睡眠阶段不产生影响的前提下，缩短一个或更多个特定的睡眠阶段的过程。换句话说，就是每晚在熟睡的情况下，觉醒若干次。

4. 片断化睡眠

是指睡眠不连续，并伴有多次觉醒的过程。

二、睡眠障碍与学习困难的关系

所有的人都曾有这样的体会，在睡眠减少以后，学习、工作、活动能力都会非常明显地降低。有专家曾对上海市 3000 多名学龄前儿童的睡眠进行调查，结果发现，4 岁以下幼儿的睡眠时间明显低于国外报道的同年龄段幼儿睡眠基本需求量，在 2 岁以前差距在 1 小时左右。这些潜在的睡眠不足严重地影响儿童的学习能力，使儿童产生精神涣散、注意力不集中、记忆力下降、焦虑等神经、精神和心理行为的异常，为学龄儿童的学习困难埋下了隐患。

通过对睡眠剥夺的实验性研究，睡眠剥夺与学习困难的关系就更清

楚了。在对受试者进行了72～112小时的睡眠剥夺后，所有的受试者均出现了不同程度的嗜睡、疲劳、易激惹、注意力不集中、丧失方向感、思维能力、判断能力、语言表达能力下降，半数以上出现视觉上的错觉和幻觉。

在对受试者进行的短期不完全性睡眠剥夺研究发现，连续4个晚上让受试者每晚比生理睡眠少睡3～4个小时后，其观察力和注意力均有所下降。而让他们连续10个晚上，每晚少睡3个小时以上，他们就开始诉说各种不适感，如有的在上课时感到疲倦，想睡觉时却难以保持警觉状态；有的说："我感到明显的学习效率下降，精力不足"；还有的说："我现在不像从前那样可以集中注意力较长一段时间了"；也有的说："我经常会犯错，并且因此产生了焦虑情绪……"

三、儿童睡眠障碍的家庭康复

1. 正确掌握孩子的作息时间

随着电视节目的增多及计算机的普及，不少孩子迷恋电视或网络游戏，睡觉越来越晚，睡眠时间越来越少，睡眠障碍的儿童也就越来越多。保证儿童有足够的睡眠，养成良好的睡眠习惯，是每一个家长义不容辞的责任。所以，家长应当掌握孩子的睡眠一觉醒时间。

家长要根据孩子年龄段的不同，给孩子建立不同的睡眠作息时间。要求孩子每天要有固定的上床睡眠和起床的时间，即使是在周末和节假日也不例外；在没有十分特殊的情况下，不要任意延迟上床睡眠和起床的时间，也不要任意延长睡眠时间，以形成儿童睡眠的生物节律。

睡眠质量是非常重要的，判断孩子睡眠是否充足，睡眠质量如何，这就要看其睡眠后的精神状态、活动情况、食欲好坏、行为表现。如果孩子早晨醒来后精神焕发、食欲良好、性情活跃，证明其睡眠质量是好的，否则的话，就是睡眠不足，也就是说有睡眠障碍。

2. 给孩子创造良好的睡眠环境

睡眠的环境、温度对睡眠的启动和睡眠质量有很大的关系。一般说来，睡眠的环境应当安静，室内应当是较暗的光线和比较适宜的温度。喧闹声、机器的噪声可干扰睡眠，特别是汽车和飞机的不规则的音调和音量带来的噪声，对睡眠的干扰更大。但一些背景噪声如电冰箱、空调机的声音则有助于睡眠，这是因为习以为常或这种背景噪声可以掩盖外界突如其来的喧闹声。

温度对睡眠很重要，入睡后 3 小时，体温降至最低点，即比清醒时的基础体温降低 1℃。在熟睡状态下，机体停止对体温进行调节和减少出汗，体温容易随环境的变化而变化。因此，环境的温度对睡眠的影响较大。研究表明睡眠环境温度在 22℃ ~29℃时，人们的睡眠比较舒适，当温度过高或过低时，就会出现明显的睡眠片断化现象。如超过 29℃时，会令人烦躁不安，不能入睡；而在非常冷的环境（0℃ ~5℃）下，则睡眠消失，发生防御性觉醒。

对于听惯了母亲儿歌而入睡的孩子来说，上床入睡前可以给他听听轻音乐，或者让他看一会儿书，这会有助于很快入睡。但睡前不宜看电视，这是由于电视折射的视觉刺激，使人警觉，变得兴奋，且许多电视节目无益于心理放松，令人不安，难以入睡。

3. 饮食上应注意的问题

饮食过饱可致思睡，丰盛的饮食可促进小睡。而饥肠辘辘的人是不可能有很好睡眠的。这是因为吃饱后，肠内能释放催眠物质而导致了睡眠。虽然饱食思睡，但也不能每次吃饱后就睡，这不利于身体健康。

牛奶有促进睡眠的作用，这是因为牛奶中含有较多的色氨酸。色氨酸是神经递质 5 - 羟色氨的前体，而 5 - 羟色氨能够促进睡眠。

含有咖啡因的饮料如咖啡、茶、巧克力和某些软体饮料影响入睡和睡眠的连续性，特别是在晚上饮用更是如此。这是因为咖啡、茶和巧克力中都含有咖啡因，一杯普通咖啡含咖啡因 100 毫克，一杯茶含咖啡因 50 毫克，常见的含有咖啡因的软体饮料，如可口可乐则含咖啡因 75 毫

克。咖啡因是一种生物碱，其半衰期是 8～14 小时，如果每天摄入量超过 550 毫克，就会对睡眠产生明显的抑制作用。所以，尽量不要给孩子饮用含有咖啡因的饮料，尤其是下午和晚上。

4. 使用放松疗法纠正孩子的睡眠障碍

心理放松疗法主要适用于睡眠不安的孩子，就是让患儿学会“全身松弛法”，让全身松弛下来，控制自己的情绪，变得轻松起来。这种方法可以使患儿的紧张、焦虑不安的心情平稳下来，从而使睡眠不安得到改善。

具体做法是，让患儿以自己认为舒适的姿势靠在沙发或躺椅上。首先把眼睛闭起来，将注意力集中到头部，咬紧牙关，要使两边面颊感到很紧。然后令其将牙关松开，咬牙的肌肉就会感到松弛。这样一一逐步将头部各处肌肉都放松下来，紧接着把注意力转移到颈部，尽量使脖子的肌肉放松，使脖子感到轻松舒适为止。再把注意力转移到两只手上来，将两手用力紧握，直至发麻、酸痛时，两手开始放松，并将两手放置在舒适的位置上，保持松软无力的状态。然后把注意力转移到胸部，开始时让患儿深吸气，憋气 1～2 秒钟后，缓缓地把气吐出来，再吸气，反复几次，让胸部也觉得轻松。这样依此类推，分别将注意力集中于肩部、腹部、腿脚部，并使其逐一放松，最终达到全身放松的状态。这样，孩子的心情也就随之放松了。

第五节　学习困难与语言发育障碍

语言发育障碍主要有口吃、咬音不正、共鸣异常（无鼻音及鼻音过重）和语言能力缺陷等，其主要的表现就是口吃。

要想知道口吃与学习困难有什么关系，应首先了解口吃的症状。口吃的基本症状就是语言装置肌肉的痉挛，讲话不流畅，俗称“结巴”。着急或发脾气时，面红耳赤却说不出话来。口吃患者除结巴外，还有易兴奋、情绪不稳定、易激惹、胆小、睡眠障碍、恐惧或其他情绪反应、遗尿、食欲低下。其次是学龄儿童进入学校后，语言活动大量增加，由于周围人的嘲笑以及不能很好地回答学习上的问题，使儿童对语言缺陷感到痛苦，加重焦虑不安情绪和神经症状，或采取消极逃避的态度。诸如怕说话、不敢参加集体活动、孤独、羞怯、踌躇、自卑等。

通过以上的一些症状可以看出，口吃患儿的语言障碍给阅读、回答问题、同学之间的交流带来很大的困难，所以口吃孩子的学习困难是不难理解的。

一、口吃的原因

口吃常发生在 2 ~ 5 岁，如不及时矫正，将会终身“结巴”。这是因为 2 ~5 岁的孩子正是儿童语言和心理发展最迅速的阶段，此时儿童对周围环境的兴趣逐渐扩大，词汇也日趋丰富起来。但这时语言功能尚未成熟，不懂得选择词汇，语言互相联系不太流畅，因此，说话的时候表现出迟疑不决及重复。这是儿童生长发育中的一种自然现象，随着儿

童年龄的增长，语言发育的日趋完善，这种现象会逐渐消失。5 岁以后，仍然口吃的话，主要有以下原因。

1. 生理因素

研究发现，口吃与遗传、大脑两半球优势或某种脑功能障碍有关，与语言神经末梢缺陷有关。

2. 心理因素

口吃是一种精神不健康、不稳定的表现，同时也是引起口吃的主要原因。如突然地变换环境、长期与父母分离或父母死亡、严厉的训斥、惩罚、嘲笑、受惊吓、突然猛烈的声音刺激（如突如其来刺耳的警报声、震耳欲聋的雷电声、风驰电掣的火车声等）及不良的生活条件而引起的恐惧、焦虑等情绪的结果。

3. 疾病因素

如儿童脑部感染、大脑创伤或罹患百日咳、流感、麻疹、猩红热等传染病之后也易引发口吃。

4. 语言神经功能障碍

即与发音、对语言理解甚至读书写字有密切关系的神经系统发生障碍。

另外，模仿其他口吃的人，也是诱发口吃的原因之一。

二、口吃的主要表现

口吃的主要临床症状及表现有：

1. 难发性

在说话时，对开头的第一个字的发音感到特别困难，给人一种非常吃力的感觉。如“?、?、?、?、一”。

2. 重复性

反复重复对已经发出的某一个字的发音。如“一、一、——”。

3. 中阻性

在说话中拖长某个字的发音或停止某个字的发音，表现出语言不流畅，对话不能顺利地进行，听说话的人也感到特别吃力。如“一本书”，往往说成“一……本书”，或“一本……书”，“一……本……书”。有的患者在说话时还伴有挤眼、面部歪斜、唇颌歪斜、歪脖子、摇头晃脑、踏脚等症状。

三、口吃的矫治

儿童口吃的矫治，必须从早期开始，也就是说从一开始发现孩子“结巴”时就开始矫正。这是因为一旦成了习惯，矫治起来困难就大了，有的甚至终生都矫正不过来。对口吃的矫正不但是针对患儿，而且要做好家长、老师和同学的工作，以有效地配合矫治。对患儿进行语言矫正时应注意以下几点：

一是要消除环境中的不良因素，要善意地告诉周围的人不要模仿、嘲笑口吃的患儿，不要过分注意口吃孩子的缺陷，不要当着孩子的面谈论其病态，以解除患儿的紧张心理，使其树立矫正的信心。

二是要鼓励患儿主动练习，积极支持和耐心指导患儿战胜口吃。对口吃严重时期的患儿，宜让其安静，不要强迫其说话，更不要催促他对说过的话重复说清楚。

三是在指导进行语言训练时，应当用简单的对答方式，一问一答，发音清楚，口齿清晰，放慢语言速度，使患儿在说话的时候，呼吸逐步达到正常，只有这样，才能使口吃逐渐减轻，以致与正常人一样。

四是对年龄较大的患儿，应直接教育他慢慢地、有节奏地说话、朗读；同时要安慰患儿，消除紧张心理，增加矫正的信心和勇气。

为了配合语言训练，也可适当应用药物，常用药有溴剂、缬草酊剂（小剂量），或利眠宁 5～10 毫克，每日 1～2 次，以减轻肌肉和呼吸紧张，增加语言训练效果。

第六节　学习困难与儿童抑郁症

儿童抑郁症也叫儿童神经症性抑郁，以前认为中小学生抑郁症比较少见，目前看来这种看法并不符合客观实际。这类中小学生（也包括大学生）的抑郁症常以各种形式的学习困难、恐学厌学作为主要表现，有一定的临床特点。

现在，人们发现儿童、青少年期患抑郁症的人数在不断增加，患病率学龄前期约0. 3%，学龄期约2%，青少年期患病率明显增高5%～10%。在10岁以前男女患病比例相似，以后随年龄的增加女性患病率逐渐增加接近男女比1∶2。

一、儿童抑郁症的病因

学生的抑郁症常以各种形式的学习困难、恐学厌学为主要表现，在表现形式上与成人相差较大，而且在重点培养学生中发生率较高，特别是在父母对孩子期望值高的家庭中易发生。儿童抑郁症的发病虽然与遗传因素、生化因素、社会心理因素等有关，但对处于生长发育阶段的儿童来说，更多发病是与社会心理因素有关。

儿童抑郁症的常见病因有：

1. 感情上受到重大打击：如考试成绩差，父母离异或死亡等。

2. 自尊心、自信心受挫：如长相不好、生理有缺陷等。

这类孩子一旦失去了自尊或受到重大挫折便会表现出攻击性，而这

种攻击性往往又不直接表现出来，而是把攻击冲动转化为抑郁倾向，越是想攻击，抑郁也就越深。

3. 不良性格的影响：这些儿童大多表现孤僻，性格内向，与其他小朋友不合群，社会交往困难，不适应过集体生活。

4. 家长的影响：父母有抑郁症，孩子往往也会有抑郁倾向，这也可能是遗传因素。

二、儿童抑郁症的临床表现

儿童抑郁症的临床表现多种多样，不同的年龄段各有特点。

1. 对于3～5岁的学龄前儿童来说，主要表现特点为明显对游戏失去兴趣，在游戏中不断有自卑自责、自残和自杀表现；

2. 对于6～8岁的儿童来说，主要有躯体化症状如腹部疼痛、头痛、不舒服等，其他有痛哭流涕、大声喊叫、无法解释的激惹和冲动；

3. 对于9～12岁的儿童来说，更多出现空虚无聊、自信心低下、自责自罪、无助无望、离家出走、恐惧死亡；

4. 对于12～18岁的青少年来说，更多出现冲动、易激惹、行为改变、鲁莽不计后果、学习成绩下降、食欲改变和拒绝上学。

其中，有20%～30%儿童、青少年抑郁症会在5年之内转变为双相情感障碍，会增加其成人期罹患情感障碍和其他精神疾病的风险。在成年期患抑郁症和自杀的可能性是其他人的3倍。由于儿童还处在生长发育阶段，很多的心理行为异常是在发育过程中出现偏异而已，并不是像成人那样不易纠正，应及时治疗。

三、儿童抑郁症的治疗

儿童抑郁症的治疗，主要是从以下几个方面着手。

1. 心理治疗抑郁症

由于儿童的心理特点，不似成人的思考度完整，所以在心理治疗时

要以劝导、鼓励、反复保证为主要治疗模式，心理医生通常会对患儿所表现的困惑、疑虑、恐惧、愤怒、痛苦给予充分的理解，在此基础上以减轻患儿的抑郁情绪。

2. 行为疗法

儿童是好动的，且很容易从中获得乐趣，以刺激—反应的学习过程来解释患儿行为，并可使患儿行为朝预期的方向转变或恢复到原来的正常行为。

3. 病因性治疗

有些儿童抑郁症的患病原因为胎儿时期的发育不良，这样的治疗就要结合认知行为治疗了，当然也要看医师来判断患儿的情况来进一步决定。

4. 转移注意力

儿童的素质和行为模式可来自父母或祖辈遗传。另外家庭成员间的关系、养育的态度及家庭出现的种种问题都可能成为影响儿童抑郁症治疗的因素。所以治疗儿童抑郁症有时是由于不良刺激导致的，所以帮助儿童缓解抑郁症，就要选择转移注意力。

需要强调的是，预防和矫治儿童抑郁症，更主要的是要在课堂内外经常关注儿童，对于儿童抑郁症的治疗首先应该注意改善儿童的生活环境，尽量避免产生抑郁症所处的环境，帮助儿童忘记不好的记忆，走出抑郁症的阴霾，从而达到治疗儿童抑郁症的目的。

第三章　学习困难学生的特殊教育

学生被诊断为学习困难后，应当接受有针对性的特殊教育，一般应从三个方面来进行：一是改变教育形式，以个别教育为主，将集体教育和个别教育结合起来，做到特殊教育与普通教育都发挥各自的特点和优势；二是改变教学方法，针对学生的实际情况进行学习心理过程的训练；三是提高学生的学习兴趣和内在的主动性、积极性，养成良好的学习习惯。

针对有学习困难的学生，特殊教育的目的是保证给他们提供教育的机会，并让他们在教育中成长。需要特别指出的是，要指导和帮助学习困难学生提高学习能力，必须针对学生的实际情况采取特殊的教育与训练方法。

第一节 教学的组织方式

针对有学习困难的学生，特殊教育的初衷是保证给他们提供教育的机会，并让他们在教育中成长。尽管许多人都意识到了学习困难学生的教育需要与普通教育的宗旨是吻合的，却很少有人真正清楚对学习困难学生到底该如何进行教育。对学习困难学生的特殊教育观也经历了一个不断发展的过程，人们在不断探索对学习困难学生进行教育的方法。

一、特殊教育理论

专家从各种学习理论，诸如发展理论、行为理论、基本过程理论和认知心理理论，探究学习困难的教学理论与技术。学习困难主要的教学理论和技术包括知觉—动作理论、语文发展与障碍理论、神经组织论和教学模式等。上述学习困难教学理论与技术可归纳成三大特殊教育观：过程导向、工作导向和过程—工作导向。

1. 过程导向

过程导向理论又称为能力训练模式。其理论是学生在学习高层次的认知技巧之前（例如阅读），必须先发展较基础的心理能力，诸如知觉、知觉—动作或语言的技巧，这些能力被认为是发展学业技巧的先决条件。

教师使用过程导向是通过训练或增强学生较基础的技巧，从而促进学生的学业表现。像知觉—动作训练理论，基本学习能力的教学理论以

及感觉统合训练即属于过程导向。

知觉—动作训练方案包括5项知动技能：平衡、积极的身体意象和区别、知觉—动作配对、眼球控制、形状知觉。5项视知觉技能：眼动协调、形象—背景知觉、形状稳定、空间位置和空间关系。

进行这两种训练，可以加速学习进步，特别是阅读方面。其他学科领域或行业也使用这种方法，例如眼科医生对阅读困难学生提供知觉训练措施，认为，改善视知觉技巧可导致学业技巧的改进。

这种强调学习潜在机制的理论，往往过分关注矫正学习过程中的缺陷，而没有关注到不同学习目标领域的需求（如阅读、数学、书写等），因此用于解决学习困难的过程矫正方法并没有得到很多支持。

2. 工作导向

工作导向理论又称为直接技能法。它属于学科作业的补救教学，即协助学生取得尚未学好的学业技能。能够对学习困难学生的学习产生明显效果的教育方法是以详细、明确、精心设计为特点的，同时与教育领域紧密联系（如阅读、书写、数学），尽管这些方法并非为特殊教育环境、特殊教育教师及特殊学生所独有，但在针对这些特殊学生必须如此。在教育有学习困难的学生时，特殊教育与普通教育不同之处在于：特殊教育更明确、具体、深入，也更能体现师生之间的合作。

研究证明工作导向能有效地提升学业成就。采用这种方法教导阅读障碍学生时，首先要测量学生有关阅读的各项技能的熟练程度，然后选择最能促进其学习的特定策略。

3. 过程—工作导向

学习困难的实证研究结果指出，学习困难学生的共同特征是低成就与基本学习能力的功能失常。学生的学习问题与困难的性质和程度虽然不一样，但基本上不外乎言语能力、感觉器官、中枢神经系统、脑功能和心理过程的发展迟缓、障碍、缺陷或失常等。

教师在选择适当的教学方法时必须考虑学生的学习特征、感觉系统特征和已获得的学业成就等。因此，特殊教育的教育、教学大多数兼顾

过程与工作两大层面和范围，其目的在于调和学生的学习特征与教学特征，从而促进学生学业技能的充分学习。

麦克里波斯特的心理—神经学教学原理，柯克的心理—语言学的教学原理以及费尔南德的感官并用理论的教学原理均是应用过程与工作导向教育观，协助学生有效而成功地学习。

例如，如果学生有严重的阅读问题，教师可采用费尔南德的视听动触教学法进行教学活动：教师协助学生通过各种感觉通道认识字和词，使用视觉、听觉和触觉的通道来增强其对该字和词的记忆与保持。学生首先用手指描绘某个字，当手指顺着字的笔画次序移动时，学生要把该字的读音念出来。让学生继续反复地如此练习，直到他能够靠记忆写出这个字。下一个步骤是教师让他看一个字，他读出这个字的读音，然后默写出这个字。慢慢的，学生面对标准测验的字或词时，能运用他掌握的“看—读—写”的技能。当他熟悉这种技巧之后，教师则协助其发展词汇理论的能力。

二、教学组织方式

教学总是以一定的组织形式进行，教学组织形式是指为完成特定的教学任务，教师和学生按一定要求组合起来进行活动的结构。在实际教学中，特殊教育者采用各种教学方式来满足学习困难学生的不同教育需求。临床教学结果显示，下列的教学策略可依据学生学习问题的性质和程度弹性调整，灵活地单独使用或联合应用。这些教学策略包括：补救教学法、个别教学法、学习策略法和功能教学法等。

1. 补救教学法

补救教学法是特殊教育普遍使用的教学策略，本策略用来教导学生学习基本的学科技能。这种方法依据学生的学习能力以及对教导的接受程度，而特殊处理教材。教师试图缩短学生的“实际技能”与“被期望的技能”间的差距，其目的在于协助学生跟上班级的程度。多数个

别化教学属于补救教学。

2. 个别教学法

对学习困难学生进行教育的有效性取决于教育的两个属性，一个是个别化，一个是有效化。对课程的评估以及其他过程的评估可以保证教学与学生的个别需要相一致。为了使学生学习产生最大效果，由监控学生学习的教师通过调控教学方式、教学材料及练习的时间来达成教学效果。

特殊教育教师在教学习困难学生学习一般教材（即一般学生在普通班级所学习的教材）时，其教学方式是以个别或小团体的形式进行的，而且依据个别学习困难学生的学习方式选择教法介绍教材。个别教学法可以协助学习困难学生充分而成功地学习其他同伴所学习的教材。另一种个别教学法是安排学习困难学生在普通班级上课，但同时提供必需的资源教室的教学协助。

3. 学习策略法

这种方法是指教学习困难学生学习新的学习方法，诸如获取、保持以及沟通信息的新方法，其目的在教学生如何更有效地学习，以协助学生在普通班级中亦能有所成就。因此，教师教导学生下列技能：参加班级讨论、听从指示、做笔记、使用教科书、略读、精读、准备考试、安排时间、校对、使用图书馆、使用各种参考资料以及设定工作的优先次序等。

教师采用学习策略法是以元认知、元记忆或认知行为改变技术（策略），协助学生在学习情境中监控自己的学习表现，明确察觉自己认知工作的方法，协助其学习如何记忆。

诸如，教学生如何在阅读或回答之前能够使自己稳定下来，仔细注视所有暗示和可能的方法，认真地考虑自己的反应之后再做反应。在记忆训练上，教学生将信息分成小单位，并不断以自言自语的方式练习，或者使用各种记忆方法协助记忆。

研究结果指出，学习策略的习得可以促进学生学习成绩的提高。

4. 功能教学法

依据学生的障碍本质决定教学策略的类型，有些学生可能需要接受“必须技能”的指导，以便在日常生活中能有效地表现；有的学生可能需要接受“特定功能技能”的教导，以利完成其学业导向的措施。对于有严重学习困难的学生可能需要在自足式班级或社区基础环境中接受功能课程的训练。例如，教导学生自我照顾、社交、社区参与、消费者、职业技能以及家庭管理技能等。

功能教学法可以协助学生学习阅读报纸的招聘广告、填写求职申请表、认识和使用说明书、使用金钱、穿衣、考驾驶执照、买票或看地图等。对只有少许阅读能力的学生，教师可能只教他们认识实用的字词，诸如入口、出口、停止、火灾、危险、申请、签名、信用卡等。

第二节　教学的实施方法

在学习困难学生的特殊教育上，各种教学方法均以个别化教育方案实施教学，并以各种教学模式，如临床教学、合作学习或电脑辅导教学，进行教学活动。

一、个别化教学

个别化教学的对象涵盖了全部学生，其目的在于针对学生的个别差异，培养学生自动自发与自我实现的学习精神和能力。

个别化教学的方式很多，诸如临床教学、处方教学、诊断教学、直接教学以及系统化教学。个别化教学可以界定为一种“测评—教学—再测评”的循环过程，而这正能满足学习困难学生的教育要求。很多专家、学者也认为临床教学、诊断教学、处方教学和直接教学等个别化教学是学习困难学生最有效的教学方法。

美国教育学家布卢姆主张学生学习上的个别差异是人为的，而不是个体本身具有的；如果教师能够提供学生适当的学习条件与学习顺序，则几乎每一个学生都能有效地学习。个别化教学的主要目的正是如此，不仅在满足学生的个别学习需求，使之免于失败的学习；也在实现教师的教学目标，使之获得成功的教学。

约翰森和麦克里波斯特认为，教师的教学措施必须依据直接观察学生所建立的资料，而教学法的成败决定于是否应用客观的方法说明、评

估和改变学生的行为，而这正是实施个别化教学的要义与功能。

个别化教学的主要阶段包含分析综合诊断结果，设计教学方案、执行教学方案和考核教学成效。个别化教学的特征是学生学习能力与学习成就的个别诊断，教材教法与教学测评的个别设计与执行，而其真谛是提供个别学生最适当的教育，协助个别学生获得最充分、最有效的学习，以期发展个人的潜能。

个别化教学方案的内容包括学生的基本资料、诊断资料、教学资料和辅导资料。

1. 学生的基本资料

①个人的资料：姓名、性别、出生年月、血型、班级、家庭住址、联系电话；

②家庭状况：父母亲的职业、教育程度和教养态度；

③身心状况：健康状况、病史、情绪行为。

2. 学生的诊断资料

各项有关医学—神经学检验和心理—教育学测验的名称、结果、测验日期等。

3. 学生的教学资料

①学生当前的能力与表现；

②长期（年度）目标；

③短期目标；

④特殊教育措施：教育安置、教材、教法、教学者以及理由；

⑤教学测评：测评标准、测评方式、日期；

⑥个别化教育方案的起始日期；

⑦参与普通班学习活动或在最小限制环境中学习的时间和程度。

4. 学生的辅导资料

辅导目标（长期和短期目标）、辅导策略、辅导过程、辅导结果、辅导日期、辅导人员、检讨与建议等。

二、计算机辅助教学

对于学习困难学生而言，电脑是有效的教学工具，学习困难学生喜欢使用电脑，认为电脑教学是一种有趣而好玩的学习活动。电脑可以协助学习困难学生发展自我协助技能、独立能力、动作控制能力、视觉和听觉概念形成、语文技能、认知技能和其他学业技能等。

电脑辅导教学的课程包括教导学生认识颜色、差异（如大和小、动和静）、位置（如上下、左右）、形状或文字符号辨认、计算、配对和序列等。经由电脑的使用，学生能控制自己的学习环境，并能对自己的学习活动做各项决定，甚至可以经由同伴配合使用电脑而发展社交技巧。

三、合作学习

合作学习是一种有效的教学模式，合作学习综合运用了有效学习的三大资源：师生互动、亲子互动和同伴互动。而且合作学习也符合特殊教育的最小限制的环境和回归主流的基本理念。学习困难学生在一般的学校环境中，和其他同伴互动，则学习的效果更佳，获得的教育利益更大。

合作学习是指一种小型异质学习团体的、同伴协助的学习活动或教学方法，团体成员在教师的协助下，通过同伴互动的学习过程，一起工作，彼此协助，完成个人与团体的学习目标；教师并依据团体的学习结果与表现，给予团体奖励。

班级教学是大型异质学习团体，而合作学习主要是小型异质学习团体进行教学活动。事实上，合作学习的特色之一是结合大团体教学（班级教学），小团体（或小组）教学和个别教学。而这种三合一的教学模式最能对应学习困难学生的学习类型，并满足其教育需求。

合作学习的主要内涵包括：工作结构、权威结构与奖励结构。

工作结构，即学习情境与学习活动，合作学习的工作结构主要在于同伴协助与同伴互动，强调的是同伴教与学的行为，包括分工与合作两个方面。

权威结构，即学习活动的主导角色，合作学习的权威结构是由学生主导学习活动，不是传统式的由教师主导学习活动。

奖励结构，合作学习的奖励结构是以团体奖励为主，并结合工作的分工，以增强学生的合作学习。

合作学习的实施主要集中于下列 4 种主要模式：拼图法、团队—游戏—竞赛、学生团队—成就小组、小团体教学。

虽然学习困难学生的补救教学有各种不同的模式，然而实际的教学活动应该整合各种教学模式。事实上，教师如果只采用某一种模式而排除其他模式，肯定是一种不妥当的偏颇行为。一般而言，教师通常协助学生以其优势的能力、学习通道和学习类型来学习新的知识、技能，而教学方法也结合策略学习法（行为模式和认知心理学模式），同时补救其主要的弱势学习能力。

第三节 个别化教学原则

对于学习困难学生的教学，教师要根据学生的学习风格、学习能力的优缺点以及感觉体系的特征等，采用适当的教学策略。如果学生的障碍在于听觉技能，则一般的拼音教学可能不适合这个学生的实际需求与能力，他所需要的是强调字的视觉特征的教学法。如果学生有视知觉困难，则听觉导向的阅读教学对他可能较适合。

教师从事学习困难学生的教学活动，其教学方法不能僵化，而必须富有弹性，正是所谓“教学有法，但无定法”。但这不是说教师每天都要创造、使用新的教法，而是要从事个别化的教导，即适时调整与修正既有的教育措施，以协助学生有效地学习。换句话说，教师要在学生的特征和最适当的教学策略之间取得均衡点，而这需要教师用心观察学生在各种学习活动的表现以及注意发现最能促进学生有效学习的情况或条件。一般而言，个别化教学的主要原则有匹配原则、灵活性原则、全面性原则、差异性原则等。

一、匹配原则

教育家裴斯泰洛齐认为，教学的艺术主要在调整教师的教学目标和学生当前的能力，使彼此取得和谐。这是匹配原则的最佳诠释。匹配原则的主要内涵是“学生－工作”配对，即配对学习活动的内容和课程与学生的能力与成就。关于匹配原则，我们在下一节进行详解。

二、灵活性原则

本原则是个别化教学过程的特色，是强调诊断与测量是设计与修正教学计划以及实施教学活动的依据。事实上，并非所有的教学策略都对所有学生有效，同一种教学策略并非对任何一个学生的所有学习活动都有效，同一种教学方法并非对同一个学生都永远有效；因此教师要持续不断地设计或修正教学活动。

三、全面性原则

本原则是指教师在诊断学生的学习问题时，必须采取多学科式会诊；而在实施教学活动时，必须采取多元教学策略和多元学习测量方式。例如体系互动理论主张对学生学习与行为问题采取多学科会诊与处理，即从心理、生物、遗传、神经、感官和生态观进行诊断和教学。

四、差异性原则

本原则是学习困难学生的诊断与教学的根本原则，其功能在使学生获得合适教育，满足其教育上自由与平等的要求，而能依据自己的潜能与成就学习与发展。

教师实施个别化教学时，必须严格遵守个别化原则。教师应该熟悉学生的特征，除了认识学生的一般资料（如智力、家庭背景、情绪状况），也应该知道学生的学习问题的性质，各学科的成就，学习能力的优缺点，非语文和医学资料。教师必须拥有学生的“整体症状”，以提供正确而特定的教学措施。如果仅仅用对正常学生所采取的一般教育指导内容和方法来教育指导学习困难学生，难以使学习困难学生进行充分的学习和训练，更难以促进其发育。而本原则在个别化教学的应用是以

个别化教育方案方式呈现。

五、持续性原则

必须根据每一个学生的教育指导目标、内容和方法，持续地、反复地进行教育指导才能有效。课程学习也同样，特别是在理解和掌握知识方面，需要重视个别性原则、生活化原则和经验性原则，对于生活习惯和技能，经常性地进行教育指导才会取得成效。

六、创设性原则

每一个学习困难学生具有与他人不同的困难，因此，教师必须根据每一个学习困难学生的不同特性，确定教育指导的具体方法，进行创设性教育。我们在这里对这一原则，进行展开叙述。

1. 人际关系的构建

学习困难学生对人际关系的兴趣和能力有障碍。为了培养其与父母、兄弟、姐妹、班主任以及朋友的一对一的对人意识和关系，采取具体的方法进行教育指导是十分必要的。集体过大，太分散，容易引起孩子不安、多动，特别对智力性课程的学习，应尽可能地将个别与集体教育指导相结合。

2. 学习环境的构建

孩子学习和生活的环境是学校、家庭和社会，尤其对于有学习困难的学生，学校、家庭和社会的一般状况的构造，若不能适合，就会给他们带来不利和障碍。因此，需要调整教育环境，为他们提供一个适合其发育成长的良好环境。

教室的构建是指学生所处的物理场所的构建，即根据活动的场所和课堂学习内容进行学习环境的准备。太大的教室容易使孩子不安、多动，课堂学习活动应安排在大小合适的教室里进行。另外，教室里尽可

能不要放置与当时进行的课堂学习活动无关的物品（如经常堆放在教室里的各种道具、作品、私有物品等，这些对进行课堂学习活动是不利的）。只需准备针对当时的学习活动能够引起孩子注意、兴趣的物品，不要摆放其他物品。教室门等也要定时开闭，不让孩子随便进出，这就是所谓的“环境统制”、“减低刺激”。另外，对不能触摸、不能损坏的危险品预先搬走。如果事前不进行这样的准备，往往对孩子的行为要给予制止、禁止，甚至惩罚。如果常采取这种否定的接触方式，这不仅是孩子自身所不希望的，而且会使孩子形成否定自我的概念。

3. 生活行为的构建

在日常生活中，多给孩子进行行为训练、指导，不要让孩子随意地、无节制地行动，应该有计划地训练孩子对他人的眼神、语言指示和各种刺激的反应，引起对方对有意图给予的视觉刺激和听觉刺激的注意，让其体验在一定时间内集中反应的行为。

日程表的构建，是指一天的生活、活动的流程。一天活动安排的顺序不仅需要用言语说明，还需要使用图片和文字卡片，让孩子能够理解、预测，并向下一个活动转移。特别是伴有自闭症的学习困难学生，对于自己不能理解、推测的事情及日常活动常感不安和抵抗。如从正在进行的游戏和活动转换到下一个游戏和活动时，孩子往往表现为十分强烈的不安和抵抗。因此，有必要让其预先知道每天的习惯活动以及让其理解下一步该做什么。例如，为了使孩子能够按照程序打扫教室，首先要分析打扫教室的顺序。为了使孩子理解“跑”、“登”这两个词的意思，可借助于这两个动作的图片。这是为了适应孩子的认知、行为特性采取上述方法给予孩子关心，能够逐步培养孩子有意识、有目的地行动的能力。

4. 教材的构建

教材、教具应适应学生的认知特性，能够引起学生的兴趣，提高学生的注意、认知和理解能力。根据学生的年龄、认知特性，使用具体物体、图片和文字卡片，使学生进行更为有效的学习，提高理解能力。

根据学习困难学生的特性，创造一个合适的学习环境，应重视如下几个方面的问题。

（1）班级人数适当：对学习困难学生来说，适当的班级人数是重要的，班级太大，难以使学习困难学生安静下来，专心致志地进行学习，不利于进行个别指导。

（2）减少环境刺激：尽可能地去除对当前学习无关系的视觉、听觉、触觉的刺激物。

（3）空间限制：特别宽大的教室（空间）会带来情绪不安定，特别是认知、课程学习活动。不管怎么说，狭小的教室（空间）适合学习困难学生的学习活动，能够使学习困难学生安定，集中注意力，努力学习。

（4）教育计划的安排、每日生活时间的分配：为培养孩子有计划地进行学习，每日生活时间的分配是重要的。

（5）强化教材刺激：根据教具、教材的颜色、形状、大小、排列、提示方法等，强化孩子的注意、认知和思考。

综上所述，成功的学习困难的教育措施，其关键因素之一是特殊教育教师持续不断的教育配对的努力，即试图连接学生的“学习与行为特征”与教师的“教材与教法”。学生只有在适合他的教学活动中才能最有效地学习，而这也正是特殊教育的标志之一。

第四节　教育匹配问题

每一个学习困难学生的能力和学习类型都是独一无二的，因此，教师如果想成功地教导学习困难学生则必须先做好“学生—工作匹配过程”。

学生—工作匹配过程包括：评估与分析学生的能力和学习类型与需求；依据评估结果设计和选择适当的教学目标、教材、教学策略和教学评量方式以及随时调整教材教法（或学习过程）以配合学生的能力、需求和学习类型，促进学生获得最大的学习结果与进展。

匹配学习活动与学生的能力和学习类型的过程，说来容易做来难，学生—工作匹配属于一种个别化过程，需要持续不断的评鉴、分析与调整。这是因为并非所有的方法都对所有的学生有效；同一种方法并非对任何一个学生的所有学习活动都有效；同一种教材和方法并非对同一个学生都永远有效。教师应有效地实施学习困难学生的补救教学以促进学生的发展。

一、匹配“工作内容”与“学生的准备度”

有些学生也许无法进行其年龄和智力所预期的学习活动，但能够学习其能力所及的基本技巧。当工作内容和学生学习准备度相一致时，学生能有效地学习。如果教学生先学习基本的背景内容，则学生可能快速而完整地达成较高层次的学习目标。

专家建议，教师教学进度不要太快和太多，以免学生错失熟练基本技巧的练习机会，而且这种教学方式逼使学生遭遇不断的学习失败，进而丧失学习动力。因此，在适当的时刻教授适当的学习材料是有效教学的关键因素。

下列三种方式：工作分析、过去学习机会和经验评估以及学生咨询，可以协助教师匹配工作内容与学生的准备度，以利补救教学的推进。

1. 工作分析

工作分析是把学生原先无法学习的某一项工作内容组分成较容易学习的若干步骤，促使教师协助学生从已经熟练的步骤迈向学生准备就绪有能力学习的较难的一个步骤。工作分析法有两种：感官通道过程法和技巧系列法。前者分析学生，而后者分析学习内容。

完整的工作分析应包含输入、感官通道、刺激、工作层次和输出分析。

2. 过去学习机会和经验的评估

对学生过去的学习机会与经验的评估可以使教师了解学生学习困难的原因，也可以据此设计学生的补救教学内容、措施。

3. 学生咨询

教师认识学生的想法和感受对有效的教学大有好处。教师可从观察来认识学生的内心世界，但教师仅仅依据自己观察掌握的资料做推论，结果还是有失客观。因此，教师要让学生主动、积极地参与评鉴过程，其中一种方法是学生咨询，教师通过访谈或心理测验来了解学生的真实想法，这种方式对教师和学生均可产生对问题的领悟和洞察作用。

二、匹配工作过程与学生的学习类型

为了协助学生有效地学习，教师除了匹配工作内容与学生的准备度以外，更要匹配工作过程与学生的学习类型。梅钦鲍姆提出了工作修正

法的三个步骤：

第一，操纵学习活动。首先，要找出学生在何种环境之下才有良好表现。然后，找出学生在哪些方面表现不佳。

第二，改变环境。学生是否在理想的环境中顺利学习？何种环境因素使学生的缺陷出现？

第三，提供支持。提供工作支助（如提示、反馈、记笔记）或教导支助（如协助学生更有效地进行自我监控、评估、集中注意力），以观察学生成功经验。

工作修正策略可用来处理学习困难学生的下列问题：注意力集中与维持的困难、信息处理迟缓、过度练习（含性质和程度）、特定学习通道强弱势的问题，沉思或冲动的认知风格、内控或外控、归因类型、直接教学、类化学习困难以及匹配“教师教学法”与“学生认知风格”问题。教师可采用下列原则与方法来匹配工作过程与学生的学习类型。

1. 匹配工作与学生的注意力策略

注意是心理活动或意识对一定对象的指向与集中。注意的基本功能是对信息进行选择，另外，注意也是完成信息处理过程的重要心理条件，保证了对事物更清晰的认识、更准确的反应和更可控有序的行为。

学习困难学生学校生活的好坏，学习活动的成败，学习行为表现的优劣主要受到其注意力水平的影响，而其注意力又受到学习与生活环境、学习活动的性质以及教师的教材教法等因素的影响。教师可采用下列三种方式来匹配工作与学生的注意力策略。

（1）增进维持注意力的环境因素

学习困难学生可能存在注意力的问题，但其注意力的问题并非 24 小时都表现一样的性质或程度。有些学生虽然在上语文或数学课时有过动行为，但在午餐、休闲时间或体育课时并未表现出过动行为。教师不妨先认真地观察学生在何种环境的特定情况下表现注意缺陷，然后设法在新的教学环境中营造促进学生保持注意力的环境因素，从而促进学习困难学生有效的学习。

（2）增进维持注意力的工作因素

学习困难学生的行为与成就深受教师教学方法的影响，学习困难学生可以像一般学生一样专注于低认知要求的学习活动（例如画图、随意游戏），但是当学习活动的难度越高（例如抄板书、阅读或算术），则其需要更多的作业时间。其原因是学习困难学生由于过去的失败经验而养成对困难的“自然退缩行为”。

因此，要促进学习困难学生的最大注意力，教师要协助学习困难学生培养工作难度的灵敏适应力。其有效方法是减少刺激复杂性和反应竞争性。例如，让学习困难学生一次只看一种图形即减少其学习内涵的刺激物的复杂性；让学习困难学生学会一次只匹配一组图形和文字即减少其学习过程的反应竞争性。

（3）实施维持注意力的教学法

教师的教学方法也会影响学生的注意力。教师可协助学生利用自己的注意力去学习新材料从而改善学生的记忆力。例如，教师可教导学生在不同的情境下把刚学习的新知识应用到实际问题上，使用记忆技巧，匹配记忆，而非单独记忆生字，阅读时主动探索文义，立即复述学习材料，定期复习，组织学习材料以及教导学生记录自己的学习结果或学业成绩。

2. 匹配时间限制和信息处理的速度

学习困难学生信息处理的速度比一般学生迟慢，换言之，学习困难学生比一般学生需要更长的时间处理信息。因此，学习困难学生在面对有时间限制的学习活动（例如考试）时，则往往处于不利的情况。教师必须给予学习困难学生适当的时间限制，从而使学习困难学生有机会充分地学习和表现。其有效方法包括：教师讲课的速度适当缓慢一些，讲课的停顿次数多一些，教师提出问题之后等待学生回答的时间适当延长。

3. 匹配工作重复与学生的练习需求

“熟能成巧”对某些学习困难学生而言并非事实，有时候过多的练

习反而使这些学习困难学生反应迟钝甚至忘记其先前已知的事情。有些学习困难学生虽经练习也无法改善其身体动作表现。因此，教师必须慎用练习，学习困难学生学习活动的练习次数不宜过量，也不宜使学习困难学生因重复练习而产生过度疲劳；例如，要学习困难学生抄写 20 个生字，每个生字写 10 遍，其弊大于利。

4. 匹配工作与学生的强势渠道

把工作特性和学生的强势信息处理渠道相匹配，对学生有利而无弊。不过在实际教学时，教师在匹配学习教学工作与学生的强势学习渠道之余，别忽略了补救学生的弱势学习渠道。否则学生的强势学习渠道和弱势学习渠道间的差异必然拉大。

5. 匹配诱因与归因类型

注意力是学生维持学习活动的前提之一，而高学习动机的学习情境最能提高注意力。根据动机的来源，动机可以分为外在动机和内在动机。外在动机是指在环境的要求或外力的作用下所产生的动机，内在动机是指由个体内在因素所引起的动机。

外控型的学生把成败归因于外界因素；内控型的学生把成败归因于个人因素；而很多学习困难学生把成功归因于外界因素，把失败归因于个人因素。调查研究结果指出，学习困难学生欠缺学校导向动机，即学习困难学生对学校功课不感兴趣，觉得学校活动没有多大意义。因此，教师通常以较直接而立即的外在增强来协助其学习，并获得成就感，进而建立其内在动机。而建立内在动机的最佳方式是协助学生学习其能力所及的课程与教学活动，以激发学生的才能，并获取自我满足。

6. 建立工作类化

学习困难学生的类化困难显现在其认知、行为或策略的学习上。学习困难学生有类化的学习问题，这是因为类化技能需要学生在新环境中认出类似的学习活动特征，并应用先前的特定信息、策略或行为；也需要学生重新组织原先的策略、信息或行为，以便适应于新情境。学生这种类化能力的转移越自动，则越有能力进行较高层次的工作分析、计划

和监控。学习困难学生的类化训练需要长时间的系统化教学。

7. 匹配教师的教法与学生的认知风格

认知风格是一种重要的个体差异变量。教师的认知风格对学生的认知风格影响甚大，主要包括两个方面：

一是教育策略。学生很难改变其认识环境的方式、方法或改变其概念类型。在教育过程中，如果教师采取的教育策略、指导方法与受教育者的认知风格相适应，就能更大程度地促进其发展，反之则可能阻碍其发展。因此，教师可通过小心匹配自己的教材、教法和学生的认知风格而改善学生的学习结果。

二是教师的认知风格与学生的认知风格之间的适配性。当教师的认知风格与学生的认知风格完全匹配时，学生的学习适应最好（这里的适应指学习成绩、学习态度、师生关系等）；师生认知风格类型不适配时，其学习适应较差。例如，冲动型认知风格的老师其教学方法不利于沉思型认知风格的学生；而沉思型认知风格的老师则不利于冲动型认知风格的学生。

针对认知风格，教师的一个重要策略是在教学中充分利用对时间的控制。不同认知风格的学生在解决特定任务时所需时间有差异，比如一个分析型的学生可能并非不能反应整体，但需要时间和鼓励，尤其是在编码阶段。每个人获得一定水平的技能所需时间都是不一样的，这是教育心理学的基本原则，对于认知风格的教育应用特别有启示。

另外，由于学习困难学生较倾向被动或消极的学习，教师必须组织教材，不断突出主题，以提高学习困难学生的学习效果。

第五节 具体能力的训练

一、提高听觉能力的训练

听，是学生语言发展最关键的第一步。在各种形式的语言中首先是有“声”的语言，这就需要用“听”去接收。通过“听”，学生获取语言的最初信息和感受，“听”能力是语言发展应具备的最基本能力。

1. 学习困难学生与听能力不足

在学习困难学生中，语言能力落后的占很大比例，其中最突出的表现就是存在语言理解和语言表达方面的问题。国内外大量研究证明，一个学生在语言能力发育上明显落后的最根本的原因往往是“听”能力不足。这是为什么呢？因为一个学生听能力低，必然会严重影响其语言发展，最后导致学习困难。然而，有些老师把这类问题归咎于视觉障碍和不良的学习习惯，认为孩子经常对老师的提问答非所问的原因，是由于上课不专心或看书不仔细等。在对学生进行行为矫正时，也常把重点放在“看”方面，例如反复让孩子阅读某一段文字等。在语言发展方面，往往偏重于书面语言的培养，如作文写作方面的训练等，而忽视了孩子听觉方面的问题。

2. 听觉能力不足与注意力不集中的关系

语言首先是听。没有听就谈不上说、读、写，没有听就没有语言交流，没有听就没有语音理解，没有听就没有语言记忆，所以听能力是语

言最基本的能力。对那些语言能力发育落后的学生来说，首先应该提高其“听”的能力。

大量研究证实，听觉能力还直接影响孩子的注意力和听讲能力。听觉能力低，极易造成孩子上课时精力不集中、注意力涣散、爱做小动作等现象。

3. 哪些孩子需要进行听觉能力的训练

对有些说话发音不准，回答问题反应较迟钝，不爱说话或说话不完整，表达能力差，逻辑性条理性不清，语无伦次、常答非所问，对声音易混淆，常忘记老师留的口头作业，听写长句子跟不上，课堂上老师讲一遍常听不懂，复述故事或课文遗漏过多，经常不能完整地转达别人的口信的孩子应进行听能力的训练。另外伴有注意力不集中、易走神儿、听讲易疲劳、语文成绩不佳等问题的孩子，也多是由于在听觉能力方面存在某种障碍，需要进行听觉能力方面的训练。

4. 提高“听”能力的训练方法

要让学生提高“听”的能力，首先应教育学生学会“倾听”，强化“倾听”的重要性，要对别人的讲话仔细地听，认真地听；其次要进行听觉学习能力的功能训练，如听觉分辨、听觉记忆、听觉排序、听觉理解力、听觉—动作反应等能力的强化训练。

（1）语音强化。要告诉孩子认真听是非常重要的，只有认真地听、仔细地听才能学有所成。

（2）视觉的强化。可用耳朵的图画或模型来强调“听”的重要，通过视觉刺激让孩子加深印象。

（3）通过举例强化。让孩子回忆一下自己是不是经常认真地“听”？什么时候“听”得最认真，什么时候“听”得不认真。对于孩子认真地听，应及时给予鼓励。

（4）让孩子感受自己讲话被别人倾听的重要性。在集体场合，让孩子讲一个自己非常熟悉、非常喜欢的故事，其他人要认真地听，并与孩子的目光交流。孩子讲之前，大家的目光应是鼓励性的；在孩子讲的

过程中，大家的目光应是欣赏性的，并不时有所应答（如点头、疑惑、顿悟等表情）；故事讲完后要予以称赞，让孩子通过这次成功地讲故事，感受“听”的重要性。

学会倾听别人讲话，是上课认真听讲的重要前提，家长应在日常生活和学习中强化这一训练，并通过孩子的一些行为细节及时提醒。

5. 提高听觉训练的注意事项

（1）增强训练的趣味性：尽量将各方面内容与游戏结合起来，让孩子在游戏中完成训练。

（2）训练的量要适度：训练量太少，往往达不到提高相应能力的效果；训练量过大，又会导致承受不住，而且易产生逆反心理，拒绝合作，这样不但达不到训练要求，而且还会影响现有能力的巩固，欲速则不达。

（3）训练的难度要适中：一定要遵循从简到难的原则，不要让训练起点过高，应重视从基本能力训练开始。

（4）要及时总结反馈训练结果：注意训练过程中孩子各种能力的变化，当孩子出现训练认真、能较好完成任务，特别是当孩子有进步表现时，老师或家长一定要及时予以表扬和鼓励，以增强孩子的自信心，更好地进行后面的训练。

二、提高说话能力的训练

说话能力即口头语言表达能力。口头语言表达能力不仅是语言能力的主要组成部分，同时也是语言能力最明显的外在标志。许多人认为口头语言表达能力是一种天生的能力，那些能说会道、口齿伶俐的孩子都是从小如此，或是其父母遗传的结果。在现实生活中，有些孩子的确从小就具有一定的语言天赋。这固然与大脑的语言中枢较发达有关，但如果没有良好的语言环境，如婴儿期较多的语言刺激等，这种天赋也就没有生长的沃土，语言能力也不可能得以发展和提高。

实际上，任何高水平的口头语言表达能力都不是天生的。由于说话是一种内在语言的表露，学生将自己的所见所闻所识所想准确地表达出来，与听者进行沟通。这就要求说话者具有综合运用语音、语调、语气、词汇、句式、逻辑、判断、推理等的能力；同时在思考的基础上，流利、得体地呈现给听者。这种水平是需要长期训练才能达到的。

1. 语言表达能力与学习困难的关系

许多人认为，孩子只要在日常生活中，与人交流时口齿伶俐、能言善辩、反应敏捷，就是口头语言表达能力强。其实不然。在一些学习困难学生中，大量存在着这样的孩子，他们在一般场合下，比如和同学、家长、熟人随便聊天儿时，显得很能说，说起来头头是道、口若悬河、伶牙俐齿；但是一旦到了课堂上或正式场合，要求他按一定要求，用完整、规范的话语表达思想、情感，进行发言、演说、当众讲话时，这些孩子就会出现心跳、紧张、脸红、胆怯、张口结舌、支支吾吾、语无伦次……再也不是平时聊天时那个能说会道、聪明伶俐的孩子了。

可见，良好的口头语言表达能力并不是我们平时认为的那样，它需要综合运用语音、语气、语调、语速、遣词造句、逻辑顺序、材料选择、组织内容等方面的能力，同时还应具备良好的心理素质；而这种能力和素质只有通过后天科学的、专业的语言训练才能得到。

大量的事实证明，小学生阶段是掌握基本语言技能、为获得完善口头表达能力打基础的关键时期。如果忽视了对孩子这方面的训练，不仅会严重损害他们语言能力、交际能力、自我表现能力的发展，甚至会影响他们今后个性的健康发展。

2. 哪些孩子需要进行提高说话能力的训练

提高说话能力的训练，主要是针对说话能力低下的孩子，例如不爱说话，常用简单的词代替句子，很难说出一个完整的句子；句与句之间不连贯，说话逻辑性差、颠三倒四、东扯一句、西扯一句；有明显的语句错误，不能完整地讲故事，说话过程中语病较多；发音不清楚，咬字不准确；语言啰嗦、废话较多；说话时走神儿，跑题严重；上课不举手

回答问题，对提问反应迟钝，所答非所问，回答问题结结巴巴，轻度口吃等。另外，性格孤僻、不合群、自信心差、害怕交往等也可能是由于语言表达能力低所致。有以上行为表现的学生都应及时进行说话能力训练。

3. 提高说话能力的训练方法

由于任何说话能力的训练，都是以良好的听觉能力为基础的，听觉能力是说话能力的提前和基础。因此，在训练说话能力之前，首先要加强听觉能力的训练。说话能力是一种需要张口发声的能力，这种训练必须在语言交流中进行，没有交流，就没有说话的意义，所以多让孩子与别人交流对话是提高口头语言表达能力的前提保障。

（1）让孩子学会主动开口的训练

由于孩子语言发展本身存在一定问题，一些口头表达能力较差的孩子，往往都存在不敢主动开口的现象。这是因为怕在口头表达时，会受同伴们的嘲笑。为了避免当众出丑和遭受批评、嘲笑，就控制自己尽量少开口，不主动讲话，逃避回答问题，慢慢变得话越来越少。因此，鼓励孩子主动开口说话，是进行说话能力训练的前提和必要条件。

（2）语言表达的流畅性训练

语言表达流畅是指孩子的语音正确，发音清楚，语调、语速恰当，不结巴重复，语言流利通畅。此项训练主要针对那些说话吭吭哧哧、语不成句、“嗯”、“啊”等赘语和重复语较多，或一说话就着急导致张口结舌、语无伦次、语音错误或混淆、拖长声调或打“机关枪”的学生。通过训练使孩子将每个字、每句话说清楚，避免吭吭哧哧、重复和口头赘语，同时在语调、语速方面得到控制和提高。

（3）口头语言表达有序性训练

口头表达有序性，是指孩子将内部语言知识能够进行有系统、有组织的编序，并能相应地进行有序的口头表达。主要针对那些说话条理性差、层次不清、颠三倒四的孩子进行训练。通过训练培养孩子口语表达的顺序性、条理性。训练的方法主要是让孩子使用顺序词，以及按时间

顺序进行口语表达和按空间顺序进行口语表达。

(4) 口头语言表达的“集中性”训练

所谓“集中性”是指口头语言表达要有中心，有主题。说话要围绕中心、主题展开，不说无关的话。集中性高，也就是口头语言表达质量高。语言表达集中性训练，最终应让孩子们学会通过自我监控，不断提醒自己在说话时紧紧扣住主题，逐渐杜绝跑题，不断提高口头语言表达质量。

(5) 丰富口头语言表达内容的训练

语言表达应有一定的内容，讲话者应有话可说，不能过于简单或空洞。孩子在进行了上面的各种说话能力训练的基础上，应该进行丰富表达内容的训练，也就是锻炼自己“言之有物”的能力，到了这一步，说话能力的训练已经不局限于解决学习困难中的说话能力不足，而是旨在于提高语言表达能力了。

三、提高观察力的训练

通俗地说，观察能力就是通过“看”来进行“感知”的能力。这种“看”的能力的基础是人的视知觉能力。许多人简单地认为：视力就是视知觉，有了正常的视觉感官就可以正确反映所看的对象，只要想看就一定能看到。其实视知觉不仅包含着知觉的复杂过程，同时也是一种需要经过一番发展才能获得的能力。

1. 观察能力与学习困难的关系

在学习活动中，70%的信息都是通过视觉来接收的。眼睛的生理结构先天已定型，学习中的视知觉能力不仅仅包括单纯的生理功能，它更多地涉及大脑的高级加工过程。视知觉能力大量依赖于后天的视觉经验，它是经过练习获得的。只要给予适当充分的训练，就能够刺激它的发展，例如视觉联想力的丰富，视觉分辨力的提高等。小学阶段的学习任务诸如阅读、认字、计算、朗读、抄写、做应用题等，哪一项也离不

开视知觉能力的发展。视知觉的发展关系到学习的成败。

人的观察能力发展在正常情况下，是根据年龄、智力、学业、阅历等因素的发展而进行发展的。如果学生的视知觉能力发展不够，即使有正常的视觉器官，能做到专心致志，面对他这个年龄的学习任务，仍会出现实际能力与要求有差距的现象，出现学习困难。

2. 正确认识和对待孩子的观察力问题

大多数家长对孩子写字出格、写字偏旁部首颠倒、抄写错误、丢字落字、阅读不佳等问题，都认为是孩子学习不认真，是学习态度问题，很少认为是孩子的观察能力有问题。所以有不少家长一味批评孩子的学习态度不端正，采取陪伴在孩子身边辅导孩子写作业，或批评打骂等手段，忽视对孩子能力的训练，最终会导致“家长在身边，孩子就能完成学习任务；一旦离开，就又退步不前”的结果。随着年龄的增大，这种情况愈加严重，孩子与其他同学的学习能力差距也愈加拉大。

另外，多数家长还有一个普遍观念，即提到孩子的观察能力时，更多地看重观察能力的高级阶段，即孩子对事物进行比较分析、找出异同及因果联系、分析概括画面等的能力，他们更重视发展孩子观察的智力技能及抽象思维能力等。

当一个孩子通过语言、作文、绘画等表现出其观察能力严重不足时，家长往往一遍又一遍地通过启发、语言描述训练等提高孩子的观察能力。这实际上是教孩子一种观察技巧和行为习惯，却很少想到训练孩子的基本视知觉能力。正是由于家长往往偏重于孩子观察的高级活动能力训练，而忽视了对观察力的基本能力——视知觉能力的训练，才使孩子的能力难以真正提高。

大量事实证明，许多孩子能力低、学习困难，大多是其最基本的视知觉能力低所致。所谓治病要治本，只有充分重视训练和提高孩子最基本的视知觉能力，才能使孩子走出学习困境。

3. 提高观察能力的训练内容

（1）准确区分物体能力的训练

准确区分物体能力（视觉精度），是指在视野范围内能够看到并有意识地对物体进行准确区分的能力。正常的人能够对空间知觉定向，并与语言功能进行生理套合。如孩子不费力地看，并在适当距离能够准确抓握物体。

（2）视觉的协调和追踪训练

视觉的协调和追踪训练是指提高孩子以协调的眼动跟随和追踪物体的能力的训练。在头不动的情况西啊，孩子可用眼睛注视一个不动的物体，也可追踪移动的物体，例如移动的手指，而没有明显的抖动和不平衡的动作。

（3）视觉形式分辨的训练

视觉形式的分辨是指在周围环境中用视觉区分物体和符号。观察能力好的孩子的视觉可对相同的图画和符合，包括字母、数字、单词等进行配对。

阅读需要进行符号区分和理解的能力，而在周围环境中发现相似除和不同点的能力正是这一能力的先决条件。但这些视觉形式分辨差的孩子，不仅会影响其文字辨认，而且会影响其视觉判断力，出现阅读错误等；还会影响其对事物归类、比较、分析等抽象能力的发展。

（4）图形—背景区分的训练

图形—北京区分是指将物体从前景和背景中有意义地识别出来。比如说，人们通过视觉作用可以从团体的照片中看出自己和熟悉的人，从图画和模型中识别出前面和后面的物体位置。孩子的这种功能是在视觉的集中、注意和稳定的基础上形成的。

（5）视动整合训练

视动整合是指在复杂的问题解决过程中，对所有视动技能的整合。孩子应能进行需要伙伴之间相互配合的运动，能游泳，能准确地画有人的图画，能弹奏乐曲，能在家庭、户外、幼儿园、学校等地方自由活动。

（6）视觉—动作统合训练

视觉—动作统合，是指有关视觉—动作的精神肌肉的协调。孩子的许多视觉—动作统合能力都与日常生活和学习密切相关，例如手眼协调能力是鞋子的最基本能力，是学习的重要条件。一些视动综合能力还直接影响日常生活，里看看到某种情况或信息，身体的反应却跟不上等，不能按视觉大脑指示及时反应动作。大量儿童在学习中出现写字困难，包括写字速度慢、出格儿、偏旁部首颠倒、抄错数等。各种各样的写字抄写错误令孩子、家长感到焦急无奈，而这些孩子形成写字障碍的原因多数都与视觉—动作统合有关。加强这方面能力的训练不仅可以提高学习中的写字能力、手动制作能力等，对提高孩子其他日常生活能力也有帮助。

四、提高记忆力的训练

记忆过程包括信息的摄取、储存和提取，人并不是一生下来就具备了良好的记忆能力，需要经过大脑与外界不断地沟通才能逐渐发展起来，因为记忆过程并不是通过一个感觉通道来完成，有时是通过视觉系统，有时是通过听觉系统，或者还通过其他系统，但是，如果感觉通道出现障碍，或大脑对感觉信息的整合处理不够迅速，或是不了解记忆规律，就可能影响记忆质量。

1. 记忆力不佳的原因

例如，有些孩子写作业时，不能很快记住他们所看到的一句话，而只能看一个字，写一个字，甚至看一笔写一笔，所以就写得非常慢；有的孩子记不住平时所观察到的人和物，所以写作文时没话可说；有的孩子只对他们感兴趣的事物记得住，对枯燥乏味的书本内容就丢在脑后。这些都是视觉记忆系统出现了障碍。如果听觉记忆系统出现问题，孩子就会对家长的话记不住，读的课文记不住，老师课上讲的话记不住等。

还有些孩子能很快地复述和背诵一篇课文，却不能理解它，把文章中的字词拆开就不会用了，更不会用自己的语言写作文，用词总是干巴

巴的，像记流水账。家长以为这是孩子不会写作文，就拼命给孩子补习作文，可是上了那么多辅导班，却依然不能提高孩子的写作能力。这个问题的关键在于，孩子在学习他人的经验或经历周围的生活事件时，并没有把有关信息有效地摄入大脑中，也没有很好地保留下来，有的即使是心里知道，但提取出来、表达出来又有障碍。

2. 提高记忆力的训练方法

感觉记忆系统的障碍，严重影响孩子学习能力的发展。用什么方法来帮助孩子呢？心理学家研究发现，可以通过心理训练的方式来帮助孩子克服困难，提高记忆力。

（1）心理训练方法举例

例如，训练孩子在纸上走迷宫；观看一个图形 10 秒钟，然后，背着它画下来；在一大堆数字中找出某个数字并划掉；在许多复杂线条中，找出某个特殊图形，或数出有几个特殊图形；将一些未完成的图形完成等，这些都是训练视觉系统的方法。

训练孩子听觉系统的方法有：让孩子大声朗读一篇短文，然后复述它，看能记住多少；给孩子读数字，让他们按照特殊的要求做速算；给孩子听一些音乐节奏和旋律，让他们重复，等等。

孩子学外语时，对记单词最头疼，可以让孩子准备一些小卡片，把外语单词和发音写在一面，把中文词义写在另一面，每天早晨让孩子先看有外语单词的一面，猜它的中文词义，猜对了就把卡片放在左边，猜不出来的卡片就放在右边，然后再看右边的卡片，以此方法重复。第二天仍是如此，尤其对记不住的卡片要反复看，这样，一星期就可以记住几十个单词了。

对于有比较严重记忆力障碍的学生，就需要在心理医生的帮助下，进行一些专门的心理训练来矫治。例如，有的孩子玩电动转椅从来不感到头晕，特别喜欢能旋转的游乐项目；有的孩子则相反，连乘车也会头晕。前者是由于前庭器官过于迟钝，外界的信息进不去，后者是因为前庭器官过于敏感，有一点儿不平衡的信息，都会引起反应。这些都是前

庭器官动能不调的表现，而前庭器官又是负责人的注意力和协调性的中心，所以，针对孩子前庭器官功能的训练对提高孩子的注意力、增强记忆力非常重要。训练的方法是在心理专家的指导下，运用平衡木、转桶、秋千、蹦床等器械来进行系列的专门训练。

（2）视觉记忆的训练

视觉记忆力是指能准确回忆视觉经验的能力，是大脑对眼睛所见到的事物的印象保留能力。孩子能从视觉线索上回忆出某本书他上次看到哪儿了，回忆起某样东西被移动或换掉了，能将短暂呈现的符号配对。

人的视觉记忆和保持必须得到充分发展，才能使阅读以及相关的抽象学习成为成功的和有效的。多数有视觉障碍的学生其视觉记忆都存在一定问题。没有记忆就没有知识积累，没有记忆就没有视觉经验。

视觉记忆是视觉发展的基础，也是阅读和学习的基础。视觉记忆强的孩子，往往对经历的事物过目不忘，对黑板或教材中的文字与图形，能在看过一遍之后，保持很长时间的记忆，这对于他们的辨认、思维、理解等都有很大帮助。视觉记忆差的孩子，往往在学习上无法持续深入。一旦学生视觉记忆力不良，则文字书写、文字阅读与图形辨认，都会感到困难，自然会影响理解力与学习效果。

（3）视觉—动作记忆的训练

视觉—动作记忆是指用动作再现过去的视觉经验。孩子们能够在符号或图案短暂展示后把它们画下来；还能够再现字母、数字，并能按照要求写出字；还可以通过手势或图画表现出以前所看到的物体或事件，还能再现出图案，并识别出各种隐藏图形和材料。

让孩子们回忆学过或经历过的东西，并在此基础上进一步对其发生作用，这种能力对于完成教育中所有有关视觉记忆的任务是非常重要的。如果没有足够的视觉—动作的记忆广度，已经学过的东西还需重新学起，就会浪费时间和精力。

有些孩子视觉记忆还可以，当一些图案或物体呈现在面前后，如果教师将其搞混让他们重新排序，或添加新的东西让他们挑选，他们都能

够做得很正确；如果让他用语言描述，也能回答正确；但如果让他们按要求写出出现的字母、数字、文字，或让他画出出现的图形，或重新摆出先前曾出现过的各种图形等，他们就很难做到。而孩子们在小学学习过程中，这种能力是必需的，因为他们不仅要阅读，还要写字、写文章，仅有单纯的视觉记忆是远远不够的，还必须发展其相关的视觉—动作记忆。可见保持视觉—动作记忆是学习能力的一个重要组成部分。

第六节　情商训练方法

一提起学习困难，大多数人脑海中反映的往往是一个笨头笨脑的孩子，认为孩子学习不好是脑子笨、不聪明、智商低的结果。相当多的人，甚至在许多片面的研究或训练中，也是将重复地学习知识或提高智力水平作为提高学生学习成绩的手段，而或多或少地忽略了学生在完成学习任务和训练任务时是否感到快乐或痛苦。殊不知，导致学生学习困难的原因也可能是学生的情商不高所致。

一、学习困难与情商的关系

情商是情感商数的总称。心理学上指一个人控制自己情绪、承受外来压力、合理把握自己心理平衡的能力。是较之智商更为重要的心理素质。

得到绝大多数心理学家支持和赞同的是美国人沙洛维和梅耶 1996 年对情商的解释。根据他的解释情商包括 4 个方面的能力：

（1）情绪的知觉、评估和表达能力

①从自己的生理状态、情感体验和思想中辨认自己情绪的能力。

②通过语言、声音、仪表和行为，从他人艺术作品、各种设计中辨认情绪的能力。

③准确表达情绪以及表达与这些情绪有关现象的需要的能力。

④区分情绪表达中的准确性和真实性的能力。

（2）思维过程中的情绪促进能力

①情绪对思维的引导能力。

②情绪生动鲜明地对与情绪有关的判断和记忆过程产生积极作用的能力。

③心境的起伏使个体从积极到消极摆动变化，促使个体从多个角度进行思考的能力。

④情绪状态对特定问题的解决所具有的促进能力。

（3）理解与分析情绪，获得情绪知识的能力

①给情绪贴上标签，认识情绪本身与语言表达之间关系的能力。

②理解情绪所传达意义的能力。

③认识和分析情绪产生原因的能力。

④理解复杂心情的能力。

（4）对情绪进行成熟调节的能力

①以开放的心情接受各种情绪的能力。

②根据所获知的信息与判断成熟地浸入或离开某种情绪的能力。

③成熟地监察与自己和他人有关的情绪的能力。

正如智商被用来反映传统意义上的智力一样，情商也被用来衡量一个人的情感能力的高低。如果说智商可以预测一个人的学业成就，那么情商则常被认为是用于预测一个人能否取得职业成功或生活成功更有效的东西。对于学生而言，情商对学业成就有着重要影响。它能更好地反映个体的社会适应性。

心理学家曾做过这样的调查：把高于班级平均分的学生称为“学习好的学生”，并将他们划为一组；把低于班级平均分的学生称为“学习不好的学生”，并将他们划为另一组。分别对两组同学进行智力测验和非智力因素的测量。结果发现“学习好”与“学习不好”的两组学生中，智力上的差异远远赶不上非智力因素的差异大。也就是说这两组孩子在聪明程度上并不一定有很大差距，但在非智力因素，也就是情商如情绪、自信心、学习兴趣等方面却有很大差距。可见非智力因素对孩

子学习的影响之大。

孩子进行的学习活动是智力活动。智力活动包含有许多过程，如感知、记忆、思维、想象等，缺少这些智力活动就不能完成学习活动；但光具备这些方面的能力也是不够的，因为情感、动机等非智力因素对智力活动有着明显的影响。研究发现，学习困难学生往往同时具有不良的情绪表现。

二、学习困难学生的不良情绪

1. 性格孤僻、易冲动、好攻击、不合群

学习困难学生很少与同学、老师和周围的人进行交流和沟通，就是与父母之间的交流与沟通也很缺乏；他们动不动就发脾气，常为一点小事与他人闹矛盾，甚至动手打人。

2. 自信心不足，常常自卑

每当做事情之前就有“我能行吗?”“我能干好吗?”这种自我评价不足，自信心不强的自卑感；做起事来总觉得自己不行，不如别人，缺乏“我一定能干好”的这种处强意识。

3. 焦虑、心境不好

常常为家庭和他人的事感到不安；常为自己的学习能力不足、学业不良感到忧虑；每次老师提问或考试时都感到紧张；考试结束后又担心因自己成绩不好遭家长的打骂、老师的批评、同学的嘲笑而恐惧。在心境上老是精神萎靡、充满消沉，很少有愉快、喜悦的心境。

4. 外部归因，伪装自己

学习困难学生的思想方法有一个较显著的特点，就是爱将成功与失败归为外部因素，而不是内部原因。这也是由于对失败的压力不能承受而产生的反应。自己有无能的感觉，但又不愿承认自己无能，就容易归咎于外部原因。由于学习困难学生经常在学业上遭受失败，在人际交往

中也遭受挫折，必然会影响到其自我意识的发展。但他们并不将这些直接挂在嘴上，显在脸上，往往以伪装的方式表现出来。

三、影响学生情绪发展的因素

在现实生活中，学生会由于各种原因产生情绪问题，如自信心不足、家长的过高期望值、沉重的学业负担所致的心理压力形成的各种焦虑，亲子关系不佳、多愁善感、孤独、抑郁、家庭社会的不公正待遇导致的敌意情绪，害怕挫折与失败等都会给学生造成情绪困扰，严重影响着他们正常的学习生活和身心健康。归纳起来，影响孩子情绪发展的因素一是社会心理因素，二是学生自我的生理因素。

1. 社会心理因素

因为孩子的身心发展不成熟，其心理的成长需要环境的支持，当孩子受到不良环境的压力或阻碍时，就会出现不同程度的情绪行为问题。

（1）家庭环境对孩子情绪发展的影响

家庭在孩子成长过程中承担着其他任何环境所不可替代的角色。家庭不仅为孩子提供衣食住行等基本生存保障，还为孩子提供众多可以学习和模仿的榜样，孩子早期的很多情绪行为习惯都是在家庭中形成的。所以说，家庭环境对孩子情绪的发展至关重要。

①家庭氛围对孩子情绪发展的影响

研究发现，在多数情况下，无论经济状况、父母社会地位如何，只要父母间的关系、隔代关系相对稳定，较少发生家庭矛盾及相互之间关系紧张等问题。父母与孩子的心理、社会交流较多，孩子的安全感强，一般不会出现焦虑不安和恐惧等不良情绪行为；而在父母关系矛盾重重、隔代关系不和、与邻里的关系不融洽的家庭，父母很少与孩子进行心理交流，孩子长期暴露在整个家庭的焦虑和抑郁之中，不能自拔，难以形成对父母及其他家庭成员的亲密感情，缺乏安全感，生活在这种家庭中的孩子往往会产生一些不良情绪。

②父母期望对孩子情绪发展的影响

除教养方式外，父母对孩子的期望不切合实际，也会对孩子的情绪发展有重要的影响。如果父母的期望符合孩子实际的发展水平，经过努力就可以达到的话，那么孩子就会经常体验到成功，就会有满足感，也就会对自己充满信心，能够愉快地参加各种学习活动，很少会受到压抑，情绪是稳定的、良好的。

如果父母对孩子的期望过高，超过孩子所能达到的目标范围，孩子就会长期受挫，无法正确认识自己的能力，就会感到压抑和苦恼，变得焦躁不安，害怕各种测验、考试、比赛等评估后果的学习或游戏活动，情绪也就会不稳定。

若父母低估了孩子的实际水平，当孩子可以学习某些技能的时候，父母错过了教育的机会，会使孩子的正常发展得不到满足，也会使孩子的情绪行为不能正常发展，这样的话，孩子往往会因为某项技能低于同龄的孩子，而处于被压抑的状态，容易在心理发展中出现退缩、恐惧等不良情绪。

③家庭突发事件对孩子情绪发展的影响

所谓家庭突发事件，主要包括父母感情不和（离异）、与孩子关系密切的亲人离开或去世、新生儿的出生、家庭经济状况突变等。

家庭突发事件也是严重影响孩子身心健康发展的因素。特别是父母感情不和的争吵，双方的恶意指责、谩骂会打破维系亲子关系的纽带，在年幼孩子的心中，父母天生就是在一起的，不可分割的。他们在父母争斗中无法判断双方的对与错，更难作出应该和谁继续生活的选择，他们害怕失去任何一方，却又无能为力。通常人们以为孩子小，什么事都不懂，其实不然，虽然孩子不理解父母的行为，但父母之间的中伤可能会让孩子觉得自己是导致问题的人，因此陷入焦虑、恐惧之中，从而会引发一系列情绪行为问题。

除父母离婚外，与孩子非常亲密的人离开，也容易使孩子产生焦虑，害怕亲人不再回来；亲人的去世会让孩子产生对死亡的恐惧，害怕

其他的亲人和自己也会遭遇死亡；新生儿的诞生，往往会使孩子认为自己不再是父母关注的对象，缺乏安全感……以上这些，都会阻碍孩子情绪的正常发展。

（2）学校环境对孩子情绪发展的影响

当孩子开始上学后，他们绝大部分时间都会在学校里度过。幼儿园和学校环境对孩子来说，就如同家庭一样，老师即父母，小朋友、同学就是自己的兄弟姐妹。所以，学校环境和老师的教育方式是影响孩子情绪行为发展的重要因素。

在和谐、快乐、积极向上的环境中学习和生活，可使孩子的情绪行为得到良好的发展。如果学校风气不好，教育方法不正确，老师对学生产生过高的期望值等，都会导致孩子长期处于情绪紧张状态，很可能某一次挫折就会成为诱发孩子焦虑抑郁的导火线。特别是那些胆小、内向和敏感的孩子更容易受教育环境中的负面影响，引发孩子的情绪问题。

2. 学生自身的生理因素

（1）神经系统成熟度对学生情绪发展的影响

神经系统的成熟度与孩子的智力水平有关，一定年龄的孩子就具备相应的智力发展水平。但是，即便是同龄的孩子之间，智力发展水平也存在很大差异，有的孩子成熟较早，而有的孩子成熟较晚。可是父母在教养过程中，常常忽视了孩子神经系统成熟的程度，总是喜欢拿自己的孩子与其他孩子进行比较，以其他孩子的高标准来要求自己的孩子。对于智力发展较晚的孩子来说，如果父母期望过高，孩子会经常产生挫折、失败和不安的情绪；对智力发展较早的孩子，则常因为学校无法满足他们学习上的需要，面对学校产生厌倦情绪，从而导致不认真听课、不按时完成作业等情况。

（2）慢性疾病对学生情绪发展的影响

慢性疾病对孩子的情绪发展也有很大影响。身患慢性病的孩子，不仅他们的日常生活和社会交往的空间受到限制，还要长期饱尝疾病痛苦的折磨。没有正确的引导，他们很难对自己的现状有清醒的认识，尤其

是当孩子意识到自己与其他孩子不同时，而且比其他人更需要照顾时，他们就会为自己的疾病感到痛苦、焦虑、抑郁和恐惧，会陷入自卑、孤立、困惑等不良的情绪之中。

四、提高学生情商的训练

具有不良情绪问题的孩子，需要有针对性地进行情绪上的调适，纠正其不良的情绪、情感。培养情商的方法有很多，概括起来，主要有以下几种。

1. 用观察法了解学生的个性

清楚学生的个性，研究怎样把这些个性培养成为有用的东西，这是对教师的基本要求。教师应有目的、有计划地观察学生在学习过程和现实生活中的行为和表现，并根据这些行为和表现来判断学生的心理特征和个性差异，这样才能有针对性地开展工作。苏霍姆林斯基说："每天见到孩子的时候，我都要端详他们的小脸。""首先应该懂得孩子们的内心活动，这是不可能通过什么特殊方法学到的，只有依赖于教育家高度的道德情感和修养才可能做到。"通过观察法了解学生的心理，这是了解和研究学生心理的基础。

2. 用谈话法深入学生的心灵

运用谈话法应注意谈话的内容是学生能够接受的，并且乐于回答；谈话应准确、灵活、风趣，不要使学生产生紧张、窘迫感；谈话是以朋友的身份平等的态度，这样学生才能向你吐露真心话，才能真正了解学生的实际情况。

3. 用分析法提高学生的理性

通过有针对性地开设相关的课程，有意识地开展心理健康知识讲座、开设心理咨询服务，并通过校刊、校广播站、校园网等载体，大力普及心理健康知识。引导学生控制情绪，增强社会应变力，学会处理现实与愿望的矛盾，学会自我心理调适，消除心理困惑，提高承受和应对

挫折的能力。教育学生要正确对待成功与失败，并善于从中汲取经验教训，帮助学生形成健康向上的心理。

4. 用榜样法激发学生的意志

教师作为教育活动的主导者，要力求自己以健康愉悦的情感与言行去感染自己的教育对象，使其产生强烈而积极的内心体验，从而把自己的教育要求内化为学生的动机与需要，做到以身示教，有意识地以自己的高尚品德、情操和良好的个性品质影响学生，让他们默默地按照教师的人格模式塑造自己的个性。要充分利用青少年具有求知欲强、富于幻想、善模仿、可塑性强的特点，以领袖、伟人、科学家和英模人物为榜样，来感染他们、激励他们奋发向上。

5. 用实践法营造和谐的氛围

通过游戏、体育比赛、兴趣小组等集体活动方式，注意引导学生建立和谐的人际关系，让学生认识到宽容与合作是一种美德，是一个人有修养的表现，是当今和未来社会人才必备的基本素质。教育学生学会与人相处，会关心、理解、同情、忍让他人，严于律己，宽以待人，以培养学生团结协作精神；引导学生要放弃自卑心理，充满信心地对待生活，能够接纳他人，使自己的心理处于轻松愉快之中。

以上这些方法不仅适用于学习困难学生的情商训练，而且比较普遍地适用于所有的学生。要特别指出的是，教师要了解学生的了解孩子的家庭背景和成长情况，家长的教育方法，亲子关系及孩子自身的特点，并结合这些情况进行分析，制订切实可行的情商训练计划。对于有严重情绪障碍的学生，在进行心理咨询时，应掌握基本情况，如他的智力水平、学习情况、特殊的行为表现及家庭背景、成长情况等。

训练初期，教师应随时密切观察孩子的各种行为表现，将观察结果记录下来，进行对比分析，并随时与父母交谈，以便了解更多的情况。当孩子出现异常行为时，教师要及时与家长联系，以了解训练以外发生的一些情况，并进行分析，最后制订出有针对性的训练计划。

孩子在进行情绪调适时，教师要不断观察孩子的训练情况，所制订

的训练内容也需要不断更改。有情绪障碍的孩子常常会出现情绪不稳定、变幻无常，让人捉摸不定，这就需要训练教师不仅要具备扎实的心理学知识，还要有丰富的教育经验、耐心的态度和一颗爱孩子的心。除了这些素质外，教师还要有随时应付和解决各种临时突发的事件的能力，这也正是进行情绪调整训练的难度所在。

第四章 帮助学生矫治学习困难

对学习困难学生要进行特殊教育，但这不是否定对其进行全面教育的可能性，这也就是提出对学习困难学生进行全纳教育的原因。实际上，在对学习困难学生教育指导的实践中，人们在医学、心理学、教育学等诸多领域创造和总结了多种有利于学习困难学生克服和改善障碍，促使其身心发育的治疗教育指导方法，这些方法的运用有利于帮助学生矫治学习困难。

帮助学生矫治学习困难并没有一成不变的通用程式，但在不断的实践过程中形成了一些基本的治疗方法。感觉统合训练，对学生进行学习动机的激励，正反两方面进行强化的行为疗法，培养学生健康人格和良好学习习惯的认知疗法，以及音乐治疗等方法，都被认为是行之有效的方法。

第一节　推进全纳教育

全纳教育起源于美国特殊教育的“正常化”主张和“回归主流”的特殊教育改革运动。在“最小限制的安置”教育理念的指导下，美国的特殊教育近三十年来经历了三个阶段的发展：回归主流教育、普通教育主动性运动和全纳教育。虽然每个阶段使用的专业及其内涵不尽相同，但是其终极理念和目标是一致的，即通过为有障碍和无障碍学生建立学习型社区，使所有学生在适龄的普通教育场景接受相同的教育。

一、全纳教育的内涵

全纳教育的基本精神是：“人人受教育。”强调每个学生都有独一无二的个人特点、兴趣、能力和学习需求，要求教育体系的设计和教育方案的实施应充分考虑到这些特点与需要的广泛差异。其核心内容是：把特殊学生放在普通学校或普通班中，与正常学生一起学习和生活，改变以往把特殊学生集中到特殊教育学校，将他们与正常学生隔离开来的传统教育模式。也就是说，主张特殊教育融于普通教育之中，把特殊教育与普通教育有机地统一起来。

全纳教育具有更加开放和包容的教育姿态。持全纳理念的教育专家认为，将学习困难学生贴上标签抽出来进行教育是不公平的，所有学生都有学习和成功的能力，学校应为他们的成功提供足够充分的条件。

全纳教育代表所有学生的利益，提倡教师要为差异而教。学校教育

价值取向是保护所有学生的利益，充分照顾学生的个体差异，使所有学生都能较好地完成学习任务。全纳教育涉及到整个学校教育体系的改革，是对特殊教育本质的再认识和对整个学校教育体系的一次再建构。全纳教育的深化发展对推动特殊教育与普通教育的一元化和改变基础教育的教育观念及教育体系具有重要意义。

二、推进全纳教育的必要性

中共中央国务院《关于深化教育改革，全面推进素质教育的决定》提出："全面推进素质教育，要坚持面向全体学生，为学生的全面发展创造相应的条件，依法保障适龄学生和青少年学习的权利。"这一决定充分说明在对学习困难学生教育指导的过程中，推进全纳教育的必要性。

我国自1989年开展随班就读以来，大量特殊学生进入到普通学校学习。这使得我国的随班就读具有了全纳教育的形式。在对学习困难学生教育指导的过程中，推进全纳教育也有利于学习困难学生享受平等教育机会并得到充分发展。

全纳教育主要是指特殊教育和普通教育相互渗透、支持，它不主张隔离和贴标签，反对排斥和歧视，它有利于创造适应特殊学生身心健康发展的良好环境，其目的在于为特殊学生提供良好的教育，使他们感受真诚和平等，充满信心和希望。

例如，在一个学校里，某班级要组建一个合唱队参加学校的文娱演出，班上有一个发音不全的学生，是将他排斥在外，还是也让他参加？正确的做法是让他参加合唱，即使他在合唱队里小声地和大家一起唱，他也会很高兴，因为他会感到教师和同学们没有排斥和歧视他。这样，既没有给这个学生造成心理上的伤害，也不会影响文娱演出的效果，而且增进了班级团结、友好的气氛。

在日常生活中，人们对特殊学校的学生往往抱有偏见，认为他们有

缺陷，因而在社会活动中常常排斥甚至歧视他们。在这样的氛围中，为数不少的特殊学生常常感到自卑和无助，这些都给原本已经不幸的学生带来更大的不幸。而通过全纳教育，既能够让学习困难学生与正常学生一起接受教育，又能够对其提供特殊帮助，这必将有利于学习困难学生的身心发育，提高对学习困难学生的教育指导效果。

三、在普通学校构建学习困难学生教育工作网络

全纳教育的推进为对学习困难学生的教育指导注入了新的活力。全纳教育的实施是一个循序渐进、逐步深入的过程。结合我国国情，在普通学校构建学习困难学生特殊教育工作网络是对学习困难学生实施全纳教育的基本模式。

在普通学校里，采取让学习困难学生随班就读的形式，将特殊教育融合于普通教育之中。这种教育形式受到各级教育行政部门、学校的广泛关注，是学习困难学生和其家人最乐意接受的特殊教育形式。

随班就读的具体做法有多种，例如让学习困难学生在普通班就读，普通班教师给予及时的个别教育指导；让学习困难学生在普通班就读，特殊教育巡回教师定期到校进行辅导，同时也为普通班教师提供咨询服务；在普通学校设立资源教室，学习困难学生大部分时间在普通班就读，另定期安排一定的时间在资源教室接受特殊的帮助。

普通学校是学习困难学生随班就读的主要阵地，在普通学校的教学管理中，需要建立随班就读的支持网络。

首先，需要建立一支高素质的、能胜任全纳教育的师资队伍。通过开展培训，使教师掌握从事全纳教育必备的知识和技能，把因材施教落到实处。教师要对学生充满爱心和责任心，真诚地理解他们，并给予无微不至的关怀，建立平等和谐的师生关系，引导形成互相关心、互助向上的班风。

教师除了具备对正常学生教育的专业知识外，还应当具备对学习困

难学生教育的专业方法和技能，在教育指导的过程中，教师要有耐心，着重从学生的全面发展和个性差异两个方面人手，提供适合学习困难学生身心健康发展所需要的教育。精诚所至，金石为开，教师要有信心实现教育指导的预定目标，使每个学习困难学生的内在潜能得到充分发挥。

其次，为学习困难学生创造一个良好的随班就读环境，引导正常学生更好地接纳他们，在学习上给予学习困难学生帮助，与学习困难学生和睦相处。提供特殊训练场所，配备进行特殊教育的硬件实施和教具等也是非常重要的，以便采用特殊教育的专门方法和技术，满足对学习困难学生的特殊教育需要。

此外，还要以从事学习困难学生教育的教师为主要协调者，加强与学习困难学生家人的联系。

第二节　研究指导方法

为了有效地开展对学习困难学生的指导，在指导过程中必须研究教育的艺术，使学习困难学生易于接受，需要注意以下几个要点。

一、实施赏识教育

教师要善于从学习困难学生的整个生活中，发现他们的长处，激发、提高他们的学习热情和欲望，对正确的行为及时给予表扬和鼓励，让他们具有自信。无论开展什么课题活动，都要由浅入深，尽可能从最初阶段出发，让他们自己确定目标，积累成功的经验，使他们具有成就感，让他们多体验成功，不轻易让他们失败。对学习困难学生不正确的行为，不要过分指责和惩罚，当时可以采取无视态度，使其不正确的行为慢慢地消去，再寻找适当的机会，指出应该怎样做。

二、尊重和接近学生

教师对于学生的尊重和接近实质上创设了一个平和、轻松的心理环境，这个环境有助于学生的学习。例如，在课堂上，发现学习困难学生不正确的行为时，可走近这个孩子的身边，拍一下孩子的肩膀，进行引导，使其将注意力集中到课堂中去。教师应尽量在孩子群中维护学习困难学生的自尊。

当发现学习困难学生可能要发生不正确的行为时，需及时给予暗示。如用手或用表情给予“请安静一些”、“请坐下”等暗示，给予这样的暗示，会使他们的不正确行为暂时中止。

对学习困难学生突如其来的行为或言语，教师要有忍耐性，不要乱发脾气，而应采取幽默的方法加以解决或给予一些时间，让他们自行改正。

三、制定教育计划

为使学习困难学生知道下一步将如何行动，要安排计划日程表。如将一天或一周的活动安排表贴在黑板的某个部位，让他们预先有所准备。计划中课堂内容的安排，要根据孩子注意力能够持续的时间而定。特别是学习困难学生不擅长的或有困难的内容，要给予他们足够的时间，让他们自己思考，努力去完成。

四、给予学生一定援助

1. 给予身体援助：对于学习困难学生难以掌握的一些具体动作，手把手地进行指导。

2. 给予视觉援助：使用图画、文字等帮助学习困难学生进行记忆。

3. 给予听觉援助：给予笑声、掌声类的声响以及语言的援助，提高他们的注意力。教师的语言尽可能简单易懂，一次指示不要过多，对每一个指示都要确认他们是否都听懂了，如果学习困难学生没有听懂，要指导他们怎样提问，以便再次进行指导，直到他们听懂为止。

五、改善教育环境

1. 编排学习小组，人数不宜太多，约 10 人，效果最好。

2. 在教室里，孩子们的座位之间应有适当的间隔距离，学习困难学生的座位应尽可能安排在前两排，以便教师管理。

3. 教室不宜过大，应保持安静。当前不需用的教材、教具放进壁橱、橱柜等从外面看不见的地方。教室里的绘画和布告牌等提示物应尽可能少，教师不要佩戴装饰品，窗子需装毛玻璃，安装隔音天花板，铺上地毯，防止噪声干扰，使孩子不受外界的刺激而分散注意力。

4. 墙壁、地板及备用品等应尽量颜色相同或相近。

5. 为了遮断来自其他孩子的刺激，根据需要设置视觉遮断室。

对学习困难学生的教育指导，应设法制作能够正确认知主次关系的教材、教具；考虑扩大注意范围、提高注意力的教育方法；考虑能够正确理解事物的本质、顺序性、关联性的指导方法；考虑除去行动的固执性，增加柔软性的指导方法；消除不安和恐怖心理，形成能够安静学习的环境。

六、进行分类指导

在实际生活中，学习困难学生的表现是多种多样的，从基本学习和生活方面的问题来看，有的表现为具有某一方面的障碍，有的表现为具有多方面的障碍，要根据学习困难学生的具体情况，进行分类指导。这在前面的“学习困难学生的具体能力的训练”一节里已经进行过相关介绍，此处不再赘述。

第三节　感觉统合训练

除了注意对学习困难学生进行分类指导，还需要进行综合的指导，这是由于学习困难学生的障碍和问题往往不是单一的，而多表现为身心复合的、综合的功能发育的问题，仅用单一的理论和方法，不能有助于孩子的成长和发育。近年来，在发育障碍学生治疗教育的领域，从孩子脑神经功能统合化（发育）的观点来看，“感觉统合法”的理论和方法得到重视，不仅在专门的机构，在教育指导的现场也都引进了感觉统合治疗的方法。目前，感觉统合治疗正在得到广泛使用。

一、感觉统合的含义

美国加利福尼亚大学的阿瑞斯根据神经生理学的理论，最早提出了感觉统合这一理论和方法。阿瑞斯认为，人体的运动、感觉与认知功能的发展与脑成熟进程并进。来自人体内外的刺激，经过感官接受后，先由脑干担任主要统合任务，继而逐渐由大脑皮质统合，发展学习能力。即人体通过视觉、听觉、触觉、本体感觉与前庭感觉等 5 种最基础的感觉与外界接触，先由低层次的脑干及内耳前庭平衡系统来处理这些感觉信息。随着脑的成熟，这些信息逐渐由高层次的大脑皮质进行有效的统合，形成运动—知觉—认知功能的高层次行为模式，从而对事物产生一个全面的、完整的认识，指挥机体去完成各项活动。

感觉统合是指大脑将从身体各器官传来的感觉信息进行多次组织分

析、综合处理，做出正确决策，使整个机体和谐有效地运作。大脑不同部位必须经过统一协调的工作，才能完成人类高级而复杂的认知活动，包括注意力、组织能力、自我控制能力、概括和理解能力。

感觉是指要进入大脑的所有感觉输入（如视、听、触、痛、平衡、饥饿、本体感等）；统合是将必要的感觉信息进行接收分类的过程，是个体对自己躯体和环境的神经作用过程；个体在环境内有效地利用自己躯体，对不同感觉通路而来的空间和时间信号进行解释、联系和统一，是一个信息加工过程。

大脑必须以灵活的方式比较、选择、联系、增强和抑制感觉信息，即进入大脑的感觉刺激信息在中枢神经形成有效率的组合，就叫做“感觉统合”。

二、感觉统合障碍对学生的影响

一旦脑神经统合发生障碍，虽然眼、耳没有障碍，手也无麻痹，即各个末梢器官、功能均无障碍，却表现为生活行为和学习行为的多种多样的障碍（劣弱、不能、歪曲、不成熟等）。发育障碍的幼儿和学生在日常生活中多表现为以下的症状、特性。

（1）多动（四处走动、一刻不能安静）；

（2）不能注视、追视物体；

（3）语言发育迟缓，不说话；

（4）虽能听到声音，但听不懂语意；

（5）平衡感差；

（6）高低视觉判断差，容易绊倒、跌倒；

（7）特别恐高，或一点不知道高处危险；

（8）应该能够看到，但不能正确认知；

（9）不看远处的事物，不听远处的声音；

（10）手眼协调动作差，不灵巧；

（11）讨厌别人触摸，不喜欢挽手、被抱；

（12）讨厌特殊触觉的东西，或固执；

（13）固执或拒绝特殊的气味和臭味；

（14）固执某物或行为；

（15）其他各种各样特异的症状和行为表现。

学习是大脑的一个重要功能，学习困难是由于中枢神经系统某些功能的异常，导致在听、说、读、写、计算、推理等方面有障碍。诸多研究表明，大脑神经系统的感觉统合障碍是产生学习困难的一个主要原因。因此，我们对于学习困难学生的治疗应该抓住发生学习困难的主要矛盾，解决中枢神经系统的问题，提高学习困难学生的学习能力。

三、感觉统合的意义和作用

阿瑞斯认为，学习困难学生所表现出的上述症状，与其说是大脑皮质（上位脑）的障碍，不如说是脑干（间脑、中脑、脑干、延髓）脊髓系（下位脑）水平基本功能的统合障碍。作为生物的基本功能（脑干脊髓系），正确、充分地发挥其功能才开始有生命，才能有目的地去完成各种行为，即形成人类的行为和能力。

若发育停留在胎儿期、新生儿期或婴幼儿阶段的脑神经组织和功能状态，就会出现上述的行为和症状。大脑神经基本水平的统合有障碍，就会带来身体运动和感觉运动的不成熟、认知语言的不成熟、社会性的不成熟等。

作为人类行为、动作发育的基本感觉系统（如触觉系、前庭感觉系及本体感觉系）对于人类的认知发展起着重要作用，其发育过程是：感觉—认知—认知功能。

在日常生活中，人类所有的动作和行为都与大脑神经系统感觉统合功能有关。例如爬、站、走、跑、吃饭、穿衣等室内外所有的生活行为和游玩；视觉、听觉、触觉的认知，嗅觉、味觉、身体肌肉感觉、平衡

感觉以及身体的其他感觉；语言理解表达能力的获得，绘画、写字、写作文、读字、读文章等，完成这些动作和行为无一不都是大脑神经系统感觉统合的结果。

人类对于一些简单的动作和行为往往是无意识进行的，但要完成一些复杂的、高难度的动作和行为时，需要有意识地调节和控制，也就是说，对来自外界环境以及自身内部的各种各样的感觉刺激和信息，进行选择、整理，才能有序地工作，这些都是通过大脑神经系统来完成的。

一旦感觉统合发生问题，就会出现种种障碍，如动作不协调，不能完成复杂的动作和行为，不能正常地进行日常的生活、学习和游戏。因此，矫治学习困难学生的感觉统合障碍是极为重要的。

四、学习困难学生的感觉统合训练

对具有感觉统合障碍的学习困难学生，治疗的最终目的是改善学习困难学生大脑神经系统的统合功能，根据每一个学习困难学生所存在的问题，进行有目的、有计划的感觉统合训练，这对提高学习困难学生的语言、认知、思考等学习能力，是一种行之有效的方法。常用的感觉统合训练方法如下。

1. 触觉刺激的训练

触觉在人类感觉系统功能中占有很重要的位置。胎儿在母亲子宫内的感觉体验，出生时通过产道的感觉体验，出生后与外界的温度、事物以及和他人皮肤接触的感觉体验等，这对提高胎儿和新生儿神经系统的功能起着重要的作用。

触觉刺激对于学习困难学生神经系统整体感觉的统合以及感觉认知、感觉运动起作用。如用软毛刷、干毛巾或丝绸等柔软的布类，轻擦孩子的背部、腹部、腕部、颜面部、手、脚等部位的皮肤。

手背及前腕部是触觉防卫最小的部位，由于这些部位是和正常的环境相互作用接触最多的部位，而身体的侧腹部、面部、足部等对刺激敏

感，触及时易出现防卫反射，往往是难以接受的部位。这些部位是否要摩擦，使用何种工具摩擦均需注意，不要强制进行。

对于这些敏感的部位，可使用绕上骆驼毛的电动旋转轴辅助进行摩擦，产生的刺激轻快而舒适。根据临床观察，摩擦口腔周围的皮肤对孩子语言的发育起重要作用。

另外还可以让孩子进行皮肤刺激的游戏，如水中游戏，黏土游戏，沙滩、草坪上的裸足游戏等。

一般来说，触觉刺激对神经系统产生影响的时间约在刺激 30 分钟以后，时间越长，效果越好，但要根据孩子的耐受程度加以确定。

2. 前庭刺激的训练

前庭感觉是人类接受刺激的重要的基本感觉。前庭刺激的训练是感觉统合障碍治疗的重要方法之一。通过给予前庭器官的各种不同程度的刺激，使调节姿势反应的前庭功能正常化，在接受触觉刺激的同时，有助于其他感觉的统合。前庭的功能对大脑整体功能起着重要作用，刺激前庭在知觉运动训练中广泛得到使用。例如让孩子接受下列各种运动的训练：

（1）旋转运动：旋转木马、旋转椅子等。

（2）摇晃运动：采取腹卧位、仰卧位、侧卧位、头脚颠倒等体位进行秋千、吊床等游戏。

（3）平衡运动：走平衡木、平衡板等。

（4）跳跃性运动：蹦床、翻滚、垫上运动等。

（5）姿势反应性运动：进行踏板车、沙坑、草坪、滑梯、腹部爬行等游戏。

（6）速度感、位置感、距离感的体验：让孩子一只脚着地，一只脚踏上滑行的踏板车等。

在训练中，被动性的旋转、摇晃的速度一分钟以 25～30 次的频率为宜。学习困难学生对前庭刺激的持久力个体性差异较大，有的孩子表现为恐惧不安，对于有这样反应的孩子要特别注意。例如，可将吊床高

度降低，靠近地面缓慢地、安全地、不给予威胁地进行旋转、摇晃。

3. 本体感觉刺激的训练

作为人类动作、行为的另一个基本的感觉是本体感觉。这是指身体各个部位的肌肉、肌腱、关节、韧带等来自自己身体的一种感觉，靠这种感觉人们进行动作和行为的调节、修正、有目的地行动，肌肉的收缩、松弛、关节的屈曲、伸展等所产生的自身的状态和运动，这些都是来自自己身体刺激信息的感觉处理。如果本体感觉有障碍，就不能很好地解纽扣、取物、抓物，不能根据对象物的性质，掌握用力的轻重，常常将东西弄碎、弄坏。

为了使本体感觉正常化，提高其统合功能，可以让学习困难学生接受下列训练，如游泳、摔跤、拔河、爬绳、搬运货物、踩童车以及其他使肌肉紧张、收缩的运动。肌肉收缩将有助于中枢神经系统本体感觉信息的输入。

第四节　学习动机激励

学习动机低下是学习困难学生普遍存在的问题。在对学习困难学生进行分类时，发现动力型学习困难占57.8%。这些孩子有明显的畏学、厌学情绪和逃避学习的行为。即使是其他类型的学习困难学生也有不同程度的动机障碍。可见，在学生学习困难的治疗中，激发他们的学习动机是十分重要的。

一、学习困难学生动机障碍

学习困难学生的动机障碍主要表现在以下几个方面。

1. 习得性无能

所谓习得性无能是指个人经历了失败与挫折后，在面临问题时产生的无能为力的心理状态。学习困难学生的习得性无能主要表现在认知上怀疑自己的学习能力，觉得自己难以完成课堂学习任务；情感上心灰意冷、自暴自弃，害怕学业失败，并由此产生高焦虑或其他消极情感；行为上逃避学习。

例如，选择容易的作业、回避困难的作业、抄袭别人的作业乃至逃课、逃学等。学习困难学生的习得性无能不是一朝一夕形成的，而是个体在经常性的学习失败情境中习得的行为方式。其动机过程大致由两条途径发展。一是失败的信息引起消极的情感体验。因为经常失败招致教师、家长更多的批评抱怨，由此感到灰心、沮丧，并严重损害个人的自

尊和自信，为了维持自尊便会产生消极的防御机制，其主要表现形式之一就是逃避学习。二是失败的信息通过归因的中介影响自我信念的确立，进而构成消极的自我概念。

对于因习得性无能而引起的学习逃避行为的矫治，最重要的是改善其不良的自我概念，增强其自信心，引导其正确对待失败，克服自卑，同时要改变其消极倾向。例如，不少学习困难学生常常觉得无法改变自己，失败是自己能力低，而自己能力不会改变，再努力也无济于事。教师应对其进行归因训练，改变他们的错误想法。

（1）对于常常不做作业的学习困难学生，教师可采取下列辅导措施。

①布置适合学生实际学习水平的作业。太难的作业使他们望而生畏，要使他们通过完成作业获得成就感，开始喜欢做作业。

②设法养成学生按时完成作业的好习惯，让他们认识到这是对自己负责，并可以获得教师的好评和信任。

③请家长多关心子女的家庭作业。

④作业内容尽量多样化，不要仅限于黑板的抄写工作。有时教师为了惩罚学生，让他们重复抄写词语或课文几十遍，其效果恰恰相反，反而使学生更加厌恶作业。

⑤教师要加强对学生作业的检查，发现进步及时表扬，发现问题及时矫正。

⑥有时教师可以与学生一起规定作业，让学生自己决定需做哪些作业，培养其自主学习精神。

（2）对于逃学学生，要引起教师与家长的格外注意。逃学往往成为品行不良学生的第一步，是一种后果严重的学习退避行为。除了学业不佳产生自弃自卑心理以外，还与其他不利因素有关。如与同学关系不和，在班级里比较孤立，感到学校生活没有乐趣；或者触犯校规怕遭受严厉的惩罚；学校生活单调，想脱离旧环境另觅新天地，有的学生受武打小说、电视剧的影响，结伴外出访仙探险等。由于各个逃学的学生情

况不一样，教师要具体分析，并可以采取如下措施。

①改善他们在班级与同学的关系，鼓励同学友爱，关心他们，培养他们对集体的归属感。

②丰富学校集体生活，使他们感到学校生活的乐趣。

③帮助他们发送学业状况，增强克服学习困难的信心。

④教师与家长要经常联系、沟通。一旦学生有无故缺席或逃学的情况应及时补救。

⑤引导他们正确结交朋友，特别要杜绝他们与不良团伙的往来。

⑥教师或父母对于逃学的学生考虑处罚要慎重，要以教育疏导为主。如果一味责罚，只会加深其对学校和家庭的反感，强化逃学的动机，使问题愈显严重。

⑦进行个别谈话。教师要以诚恳态度了解其逃学原因，帮助其分析逃学为自己带来的不利后果，鼓励、赞扬学生的长处，增加其自尊自信。

2. 学习怠惰

学习困难学生动机障碍表现的另一个突出方面是学习怠惰，表现在整天喜欢闲荡、嬉玩，碰到学习、读书总显得懒洋洋的，不做作业不温习功课，上课反应迟钝，学习上拖三拉四。

（1）学习怠惰从心理上分析，可能有下列原因：

①不良的家庭环境造性格孤独、抑郁或懒惰。

②考试屡屡不及格感到心灰意冷，对学习失去兴趣。

③独生子女信赖性强，事事由父母包办代替，久而久之也养成懒惰成性的坏习惯。

④学习成绩差，经常受到处罚，产生消极对抗的逆反心理。

（2）除了心理因素还有身体、生理、环境等多种影响。比如，身体虚弱，容易疲倦，做事感到吃力，营养不良或身体生长发育不良等。

对学习怠惰心理进行辅导可采取下述方法。

①引起学生对学习的兴趣。常见学习困难学生做游戏或文体活动时

神气活现、毫无倦意，因为他对此发生了兴趣。要创造机会与情境让学生实现自己的兴趣。例如，鼓励学生参加感兴趣的课外小组活动，或者担任课代表。以培养学生独立完成工作的习惯，减少对同学和成人的依赖性，要求他们自己的事情自己做。

②安排适当的作息时间。疲倦会产生懒惰，每隔 1 ~ 2 小时后必须有适时休息，这样可以提高学习效率。

③注意营养促进身体健康。有些学生学习怠惰是因身体有病或营养不良，致使身体容易疲乏，所以读书做功课难以持久，常常有始无终。教师应建议其父母注意改善学生营养，以增强其体力。

④帮助学生树立勤奋是美德的观念，勤奋能为自己带来幸福的生活。让他们懂得一个勤于事业、生活的人要比终日无所事事的人能获得更多的人生乐趣。

二、外部动机激发

学生学习的外部动机激发，着眼于创设各种外部条件（如获得奖赏、父母称赞、老师表扬或取得好成绩等）激发学习动机。

1. 有效的外部奖赏

有效奖赏应遵循以下几个原则。

（1）淡化奖赏的外部控制作用。奖赏不是目的，而是辅助性评价，给予奖赏意味着对个人学有成效的肯定。教师过多依靠控制性奖赏会引发学生的消极动机模式。例如，教师强调分数的重要性，对于学业优良学生可能会增加心理压力，引起考试焦虑；而对于学业处于中下水平的学生可能会增加厌倦情绪和退避行为。这时的分数对学生就是一种外部控制手段，常常与他们的主观抉择相冲突，容易引起他们反感。

（2）奖赏要与学生实际付出的努力相一致，使他们感到自己无愧于接受这种奖赏。如果对他们解决了一些过分容易的任务而大大地奖赏，不会提高他们的自信，恰恰会引起他们的自卑，因为这样常会被同

伴认为是无能的标志。恰如其分的奖励，能够转化为学生的自我奖励，从而能持久地激励其学习。

（3）建立一套明确的奖励办法，凡符合规则的行为将会获得奖励。具体实施时，切忌凭自己的情绪波动变更奖励办法，否则，就会使奖励变得毫无原则、随心所欲，奖励成了教师的“私有财物”。

（4）奖励方式要适应学生的年龄特征，低年级学生可能一颗红星、一包饼干的奖励比加分更有效，而高年级学生觉得在学期末的总分中加分较有价值。低年级学生更喜欢有型的实物强化，而高年级的学生更希望无形的奖励。

（5）奖励要以精神奖励为主，物质奖励为辅。对学生来说，社会性强化（微笑、关切的目光、赞赏）始终是最重要的，特别是伴有感情色彩的鼓励和赞赏，还可以加强师生之间的情感联系。

2. 合理使用惩罚

惩罚是与奖励相对的概念，是用不愉快的事件（或刺激）抑制或消除个体不适当行为的发生。教师在学生违反纪律或有过错时，应根据实际情况，合理使用惩罚。

（1）惩罚应“就事论事”，避免翻“老账”；避免过多地涉及孩子个人过去的经历。因为惩罚是对某人某些事件的后果，而不应是裁定某人的命运。

（2）切忌把惩罚作为教师报复泄愤的手段。因为学生能迅速区别公正的或武断的，或根据错误评估事件进行惩罚。

（3）切忌体罚学生。体罚有辱学生人格，往往会使学生产生对立情绪。家长也不能打骂孩子。

（4）坚持正面教育为主。

三、内部动机激发

内部动机着眼于内部各种心理因素（如需要、好奇心、求知欲、

兴趣、自尊和自信等）激发学习动机。内部动机激发的方法有归因训练、自信心训练、角色转换等。

1. 归因训练

（1）选择对象

按照训练的目的，通过成就动机或归因测量的分数，挑选出由于归因方式不当而导致行为不适应的人作为训练对象。诸如学业落后学生、学习有畏难情绪、退避的学生。

（2）干预实施

按照规定的一套训练程序，在阅读、数学、智力游戏等活动中有目的、有计划、有针对性地进行。在此过程中通常采用说服、讨论、示范、强化矫正等方法。一般来讲，干预有一个持续的过程，3 天至 2 个月不等。

（3）效果测量

比较训练组和控制组训练前与训练后的行为改变，可以显示出训练效果。但由于选择的对象、问题的类型、干预的方法以及训练时间的长短不同，行为改变的程序也不相同。由训练获得的行为改变，有可能长时间地保持，也有可能迁移到其他活动中去。

归因训练的主要目标是在成功的情境下，让学生作出能力、持久努力等内部的、稳定的原因归因，增强其成功的期望和与自尊相联系的积极情感，使其继续趋向成就任务，而在失败情境下作出心境、临时努力等不稳定的原因归因，使其维持相当高的成功期望，不产生消极情感，并坚持趋向成就任务。对于努力因素的训练，仅仅强调学生的努力是不够的，还要对他们的努力不断给予成功的反馈，使他们亲身体验到自己的努力是富有成效的，增加学生对任务的坚持性。

另外，在归因训练中发现，任务难度对努力因素有一定影响。当任务难度中等时，努力因素起到很大作用；当任务变得更难时，仅靠努力是无济于事的。但如果仍然强调不断的努力，反而会使学生感到无所适从，伤害自尊心。因此，在训练中，应视学生具体情况，要对任务难度

进行适当调节。在归因训练方式上，也可以采用集体干预与个别干预相结合的方法。

集体干预主要是通过说明、讨论、示范、强化矫正等方法定期进行，活动内容紧紧围绕着如何提高学生的自信心，充分认识能力和努力对于成功的重要性。

①说服——向学生讲解

第一，说明在学习活动中的正确信念和错误信念，指出学习潜力的开发在很大程度上依赖于自信心的确立，要获得成功首先要树立自信心，无论是在成功还是在失败的情况下，都要相信自己，并向学生指明如何建立起自信心。

第二，向学生指出努力程度对于成功的重要性，在学习中要坚持不懈地努力，不要畏惧失败，同时指导学生如何增强自制力。

第三，告诉学生仅仅依靠努力是不够的，其他因素和学习方法、教师教学、同学帮助也很重要。

②讨论

根据上述讲解，组织学生分组讨论：自信心与成功的关系怎样？能力、努力与成功的关系怎样？影响学习成败的主要因素有哪些？对学生正确的看法予以肯定、鼓励，对错误的观点加以纠正，并让学生分别学习几篇讲述成功与失败的文章，要求学生讨论文章中的人物成败的原因，并联系自己的学习表现进行阐述。

③示范

让学生观看录像，内容为一个人把失败归因于缺乏努力，仍坚持完成任务。让学生观看录像后重复类似任务，以促使其将观察学习的效果转移到自己的行动之中。

④强化矫正

让学生在规定时间内完成不同难度的任务，然后要求学生在事先预备的归因因素中作出选择，对完成任务情况作出归因。每当学生作出比较积极的归因时，及时鼓励，并对那些很少作出积极归因的学生给予暗

示和引导，促使他们形成正确的归因倾向。

个别干预与集体干预同步进行，主要采取咨询和定向训练两种方法。

A. 咨询：协同教师与学生个别面谈，一方面解答他们在学习中遇到的问题；另一方面通过他们提出的问题，了解他们学习成功与失败的原因，在此基础上进行归因指导，提出具体措施，帮助学生克服困难，作出积极归因。

B. 定向训练：由经过专门培训的教师进行，渗透在教学过程中。在教学过程中，教师应正确使用言语评价，对学习困难学生可降低起点，帮助学生取得关键进步，消除自卑心理，提高学习动机。

2. 自信心训练

自我信念是动机系统的核心成分，在很多情况下学生动机不足，有厌学、畏学的倾向，并不是他们智力有问题，而是自己对自身能力的信念产生怀疑，或者有错误的认知。具体地说，一是觉得自己没有能力完成学习任务，二是觉得自己的能力不可能改变和提高。因此，自信心训练的关键就在于培养学生积极的能力概念。

（1）让孩子获得成功的体验

有厌学倾向的学习困难孩子，常常过分夸大学习中的困难，过低估计自己的能力，这就需要教师和家长为这些学生创设更多的成功机会，让他们在学习活动中，通过成功地完成学习任务、解决困难来体验和认识自己的能力。事实上每个学生都有自己的特长与潜能，教师与家长要善于发现，并让学生的特长得到充分展示，可大大提高学生的自信心。

一是通过观察学习能力相近者的学习行为来培养自信心。树立成功的榜样要注意差距不能太大，若榜样标准比学生实际高出许多，学生觉得“可望而不可即”，这就达不到激励的目的。而当一个人看到与自己水平差不多的示范者取得成功，就会增强自我信念，认为自己也能完成同样的任务。

二是从自身进步中体验到成功。要增强自信心、胜利感，个人就必

须确立自我参照目标。它要求学生从自身变化中认识到自己的能力。有时同班上优秀生比，会觉得自己样样不如别人，越比自信心越低。尤其对中、下水平的学生，要引导他们同自己的过去比，个人的进步则能使学生获得成功的体验，增加自信心。

（2）引导学生坦然面对失败

许多学习困难学生的厌学倾向是在失败的情况下产生的。因此，有的学生为了避免再失败对自己自尊心的打击，干脆采取退避行为。所以，让学生正确的对待失败与鼓励他们取得成功是同等重要的，成功与失败是一对孪生子，“失败乃成功之母”。因此，当学生学习受到挫折时，教师不应对他们的能力做出过多的评论，而要引导他们从失败中寻找可以改进的因素，从改进中提高自己的学习技能。

（3）鼓励学生接受挑战性任务

挑战性任务是指有一定难度，但经过个人努力能够完成的任务，也就是学生“跳一跳能把果子摘下来”的任务。如果一味地让学生去应付低水平的学习任务，是不会提高他们的自信心的。过分容易的成功不具有强化的价值。接受挑战性任务是一种进取行为，对进取性行为的奖励能够证实人的功效。例如，教师可将学习任务按学生水平分成不同层次，鼓励较低层次的学生在完成同层作业的基础上，尝试高层次的作业，这就是一种挑战性任务，实践证明，它可以激发学生的学习积极性。

3. 角色转变

角色理论认为，学习困难学生在教师、同学的眼里往往是“嫌弃儿”角色，他们在集体里往往不受欢迎，处于被忽视的地位。这种角色地位深深影响了他们的自尊自信，从而使他们对课堂学习和集体更为反感、敌对。运用角色转变策略可以进行学习困难学生的低动机、低期望。“孩子教孩子”，比如，让六年级学习困难学生给二年级学生辅导，这种角色的转变，会给学习困难学生带来成功的自信。

第五节　行为疗法

行为疗法也叫行为治疗，是现代行为科学的一种非常通用的新型心理治疗方法。它是根据学习心理学的理论和心理学实践方法确立的原则，具体方法是对个体进行反复训练，以达到矫正适应不良行为的一类心理治疗。

行为治疗学者认为，适应不良性行为是通过学习或条件反射形成的不良习惯，因此，可按照相反的过程进行治疗。行为疗法是运用心理学派根据实验得出的学习原理，是一种治疗心理疾患和障碍的技术，行为疗法把治疗的着眼点放在可观察的外在行为或可以描述的心理状态上。

行为疗法主要包括满灌疗法、厌恶疗法、模仿疗法、强化疗法、放松疗法、系统脱敏疗法等。针对学生学习困难的实际情况，教师主要采用强化疗法中的正强化和正惩罚，也就是主要采取鼓励与惩罚相结合的方法，来使孩子发扬成绩、纠正缺点，从而提高学生的学习能力。

强化疗法又称操作条件疗法，是指系统地应用强化手段去增进某些适应性行为，以减弱或消除某些不适应性行为的心理治疗方法。强化疗法是以操作学习理论为基础的，即个体活动的结果直接影响其行为在以后发生的概率，如果行为的结果是积极的，就会形成条件反射，这种行为在以后还会发生；如果行为的结果是消极的，就只会产生消退的作用，个人以后就不会再出现这种行为。

一、教师要学会正确赞扬学生

在学校里有这样一种怪现状，教师总是很容易地发现学生的缺点，而对学生的很多优点都视而不见。比如说，一名学生总是很仔细地写作业，教师就会认为这是理所当然的，根本用不着表扬；对于一名体育成绩很好的学生，教师也通常会吝啬自己的赞扬。而如果学生出现一次不交作业，在某一门课程上出现偏科的情况，就会受到教师的批评和指责。

人总是喜欢听好话，喜欢受表扬，学生更是这样。在孩子的生活中，若只有批评，缺少表扬，就会使孩子变得自卑、缺乏自信心。久而久之，会自暴自弃，对任何事情都缺乏兴趣，产生学习困难，学习成绩便会逐步下降。所以，对孩子要多表扬，少批评。

有的教师会担心对孩子表扬多了会使其翘尾巴，只要方法得当，表扬只会促进孩子的学习、交友和其他方面的发展。所以说，好孩子是“夸”出来的。

教师对学生的鼓励多，学生能学到更多的东西，他们也会感到自己做得很好。当学生犯错误时，要让其知道只要改正了，就仍是一个好孩子，明天将比今天做得更好，努力了并坚持下去，就一定会得到好成绩、好结果的。

二、表扬学生的方法

对学生的表扬，要讲究方式方法、时间、空间等。

（1）表扬的方式要恰当。有些教师认为，给学生表扬就是要进行物质奖励，这是一种误解。物质奖励也确实一种奖励，虽然包含了表扬的成分，但两者之间还是应当有所区分。表扬主要是口头的赞扬，哪怕是一点小小的进步，都应该进行表扬。对学生的表扬，是表扬他的行

为，而不是学生的人格。表扬要具体，要有的放矢。

（2）表扬要及时。对学生的表扬要及时，特别是对学龄前儿童，要在短时间内及时给予适当的表扬，对年龄稍大的中小学生，时间稍后一些也能起到应有作用。总之，及时表扬是对一个好的行为的及时反馈，可以起到巩固这个行为的目的。

（3）表扬与爱是两回事。教师不要把爱作为与学生行为的交换条件，不能使学生感到表扬就是爱，批评就是不爱。要让学生知道教师对学生在任何时候、任何情况下都是爱的，教师之所以表扬他，是因为他这件事做对了，教师喜欢他的这种行为。教师要让学生把注意力放在自己的行为上，而不是放在别人对他的评价上。只有这样，学生长大后才不那么敏感、多疑，而是始终充满自信心。

三、奖励学生的方法

对学生好的行为进行适时和适当的奖励，会激励学生的上进心。不过，奖励也是要讲究方式和方法的。

（1）要使奖励真正起到激励作用。这就要了解情况，尊重学生的意见，基本上满足学生的需求。奖励的同时，还要针对学生的实际情况，提出进一步的要求，充分利用激励机制的作用。

（2）要及时奖励。要做到及时奖励，必须事先建立一个奖励制度，或者说是奖励计划。如果学生实现了这个计划目标，就要及时给予奖励，以此来激励学生的进取心。奖励计划要随着学生的年龄增长而不断变化，逐步提高对学生的要求，力求做到每次奖励都要使学生一个好的行为持续巩固一段时间，然后，再提高要求，以使学生稳步前进。

（3）要善于用奖励的方法纠正学生的不良行为。对于学生的不良行为，不少教师非常着急，恨不得学生在一夜之间就会有很大的改观，这是不现实的。针对学生的不良行为，教师要有耐心和时间，而且还要有一套通过奖励纠正学生不良行为的方法。

四、鼓励学生的注意事项

“气可鼓不可泄”，鼓励学生应注意以下几点。

（1）不要给学生消极的期望。在学生力所能及的范围内，不论做什么事情，都应当对学生说：“我相信你能行！”“你一定能做好！”而不是说：“你行吗？”“你能做好吗？”前一种说法就是鼓劲，是相信，学生就有勇气去做得很好；而后一种说法就是消极，是不相信，学生就不会努力做到，很可能半途而废。

（2）不要对学生提出脱离实际的高标准。学生的情况，教师最清楚，特别是在学习上，不能够脱离实际，不能对学生期望过高。不然的话，学生就会因为达不到目标而失去自信心，就会事与愿违。

教师要学会包容。人无完人，人都会犯错误。因此，教师要学会接受学生的一切，包括他的缺点，这就是包容。当学生有错时，教师要帮助他分析原因，从而吸取教训。让学生知道，错误是应该改正的，错误是能够改正的。

重视学生的自身价值。教师要善于观察和了解学生的优点、长处，要扬长避短，充分发挥其特长。这样，他会越干越好，会充满自豪和自信。

（3）鼓励学生的每一个进步。教师要善于鼓励学生的每一个进步，而不能只看考试成绩。不少教师往往是关注学生的最终成绩，而忽视平时的每一个微小的进步，这样做的结果最终会使学生连每一个微小的进步也舍弃了。因此，教师一定要对学生的每一个微小进步都要及时进行鼓励，以强化学生的成就感。

五、惩罚犯错误学生的方法

不少教师对于犯错误的学生采取严厉的惩罚措施，深信“严师出高徒”的中国古训；又或者是对于犯错误的学生不管不问，任由其自生自灭。

这两种做法都是不妥的，那么教师应该如何惩罚犯错误的学生呢？

（1）要选择有效的处罚方式。所谓有效的处罚方式，那就是能够使学生的不良行为减少的方式。如对不按时完成作业的学生，在讲清楚道理的同时，对其最喜欢的活动或游戏进行暂时剥夺，等改正了不按时完成作业的错误后再恢复。

（2）要及时惩罚。不少教师对犯了错误（如逃学）的学生说：“等我告诉你班主任看他怎么收拾你。”或者说：“我现在没有时间，等到放学了再跟你算账！”等。这种拖延会使惩罚失去效力。这是因为，时间长了再惩罚，学生就不会把所犯的错误与当前的处罚结合起来了。因此，你认为要处罚学生，那么越及时越好。

（3）要给学生以改正错误的机会。学生第一次犯错误，应给学生讲清后果，一般情况下不宜处罚。若第二次再犯了同样的错误，就应当进行处罚。但任何形式的处罚，都不应“一棍子打死”，要给学生时间和机会去改正错误。

（4）另外，对学生的处罚应当是奖罚并用、恩威并施；对学生不要过度处罚，应适可而止；再就是不要轻易处罚，处罚时间要短要有节制等。

六、应用“过度纠正法”矫正不良的顽固行为

所谓过度纠正，就是针对学生的一个比较顽固的行为，让他以正确的方式反复去做，直到纠正为止。比如说，学生由于贪玩，做作业十分马虎，字迹潦草，错字、错题多，涂改的地方多。不管是作业本，还是考试卷，都是一塌糊涂。老师多次指出，多次批评也不起作用。针对学生的上述问题，就可以利用“过度纠正法”来矫正学生的做作业不认真、不细心的不良行为。

实施的具体方法就是要求学生对今天的作业不准出错，不准涂改，只要有涂改，就必须重新做。实施“过度纠正法”，教师要有耐心，要对学生的作业认真进行检查，要求学生错了重做，做好为止。

第六节　认知疗法

认知疗法于20世纪60年代至70年代在美国产生，是根据人的认知过程，影响其情绪和行为的理论假设，通过认知行为技术来改变患者的不良认知，从而达到矫正适应不良行为的心理治疗方法。

认知疗法是新发展起来的一种心理治疗方法，它的主要着眼点是放在患者非功能性的认知问题上，意图通过改变患者对自己、对人或对事的看法与态度来改变并改善所出现的心理问题。我们应用认知疗法来纠正学生学习困难的基本观点是：通过认知疗法，使学习困难的学生提高对学习的认识，培养学习兴趣，纠正不良行为，从而树立努力、自信、勤奋的学习态度。

一、健康人格的培养

人格也称个性，是一个人在与社会环境相互作用中表现出来的独特的行为模式、思维方式和情绪反应的特征，也是一个人区别于其他人的特征之一。因此，人格就表现在人的思维能力、认识能力、行为能力、情绪反应、人际关系、态度和信仰、道德价值观念等方面。

一般讲，人格的形成与生物遗传因素有关，但是人格是在一定的社会文化背景上形成的，也就是说人格是社会文化的产物。

1. 人格的内涵

人格主要包括性格和气质。性格是人稳定的个性心理特征，表现在

人对现实的态度和与之相应的习惯了的行为方式上。在人对现实的态度问题上，良好的性格包括对生活的热爱、对荣誉的追求、对友谊和爱情的忠诚、对他人的礼让、关怀与帮助、对邪恶的仇恨等。被广泛称赞的行为方式有举止优雅稳重、神态温和庄重、感情豪放、谈吐幽默等。人对现实的态度和与之相应的行为方式的独特结合，就构成了一个人区别于他人的独特的性格。

恩格斯说："人物的性格不仅表现在他做什么，而且表现在他怎么做。"做什么，说明一个人追求什么，拒绝什么，反映了人对现实的态度；怎么做，说明一个人如何去追求需要的东西，如何去拒绝避免的东西，怎样做反映了一个人的行为方式。

性格从本质上表现一个人的特征，是稳定的心理特征。性格是在长期生活实践中塑造出来的，一经形成便比较稳固；这种比较稳同的对现实的态度和行为方式贯穿在人的全部行为活动中，在类似的甚至在不同情境中都会表现出来。比如一个诚实正直的人，他对集体，对他人的态度会表现出实事求是、公正无私的品德；对自己的缺点也不隐讳，敢于严格解剖自己；对工作和劳动也会严肃认真。如果一个人只是偶然表现出上述特征，那就不能说他具有这些特征。只有那些经常性的，能从本质方面表现一个人个性特征的，才具有性格的意义。

气质是指在人的认识、情感、言语、行动中，心理活动发生时力量的强弱、变化的快慢和均衡程度等稳定的动力特征。主要表现在情绪体验的快慢、强弱、表现的隐显以及动作的灵敏或迟钝方面，因而它为人的全部心理活动表现染上了一层浓厚的色彩。它与日常生活中人们所说的"脾气"、"性格"、"性情"等含义相近。

2. 健康人格具有哪些特点

（1）应有良好的道德品质，正确的人生观。

（2）在日常生活中表现为热爱生活、热爱集体、热爱劳动，能经常保持愉快的情绪，广阔的胸怀，不以自我为中心。

（3）富有同情心，能经常想到别人，不凭一时冲动，感情用事。

（4）遇事能客观冷静地分析，正确理智地进行推理和判断，不固执任性，不主观片面。

（5）有坚强的意志和毅力，少有依赖性，勇于和善于克服困难，妥善地解决矛盾。

3. 健康人格的培养和维护

（1）要注意的是当孩子还在婴儿期时，就应该从心理卫生角度来为其创造一个良好的心理环境，给予正确的培养教育，从而使孩子的人格得到健康的发展。特别是儿童时期，是培养健康人格的黄金时代。

（2）20 世纪 60 年代，心理学家提出“性格阈限理论”，认为性格的形成与改变是个体与环境互相作用的结果，这种作用力值必须达到一定的阈限，要超过个体的承受能力，它对性格引起客观变化。这种作用力可能是长期积累的，它对性格能起到潜移默化的作用，也可能是一次突如其来的事件，导致性格突变。由此来说，年龄越小，限值越低，性格的可塑性也越大。当然，对于意志薄弱者，其性格承受限值就会比意志坚强者低，这也是在同样的刺激条件下在不同的人身上，会产生不同性格影响的原因。

（3）在对学生的培养教育中，要防止溺爱和粗暴。溺爱对孩子百依百顺，不管其要求是否合理，都处处满足，会使孩子容易养成自私、任性、以我为中心、独立性差，以后经不起风雨。粗暴同样是错误的，对孩子不分青红皂白一律训斥，会使其产生“情感剥夺”，变得胆怯、冷酷、沉默寡言、缺乏勇气和进取精神，失去对人的同情心，甚至将来走向社会后以同样粗暴的方式对待别人。

二、良好学习习惯的培养

孩子在 3 岁以前就具备了许多能力，如学习能力，新生儿 10 天后就能两眼集中注视一个物体，过去不能做的事现在能做了，这就说明学习开始了。当 6 个月时，把玩具从他眼前拿开时，他就能转头寻找；1

岁后就能清晰地分辨并记住陌生人和熟人的面孔，并且能够分辨出各种不同的声音。2～3岁时能随着音乐起舞，还能跟父母、成人对话，说明3岁前的儿童的视、听、味、嗅、触觉甚至运动感觉都发展起来了。所以说，孩子的学习能力是从小培养的。

1. 培养良好的学习习惯从小开始

（1）习惯从小养成，要抓早抓好。习惯是先入为主的，让学生从小就养成良好的学习习惯，有利于日后成才。所以，学生在第一次做某件事时，教师就要立规矩，指导学生应当怎样去做，经过多次反复，就会形成良好的习惯。

（2）注意方法、持之以恒。教师要针对学生的发育特点，用学生乐于接受的方式，进行启发和诱导，在潜移默化的教育中养成良好的学习习惯。

（3）教师应为学生做榜样。学生的模仿性很强，学生很多的不良习惯都是从教师那里学来的。所以，为了学生，为了未来，教师应首先改掉不良习惯，处处给学生做榜样，这样带出来的学生肯定是不会发生学习困难的。

2. 正确解决学生厌学问题

在学生当中普遍存在着程度不同的厌学情绪，有的学生对学习已经讨厌到极点，这实际上也反映出了学生对学习态度的认知问题。曾有一个学生对心理医生说："如果我学习不好，将来没有一个好职业，最坏的结果就是自杀；但如果现在让我整天学习，我觉得更为痛苦，不如现在就去自杀。"我相信，厌学是后天"训练"出来的，许多厌学的学生，并非是对学习不感兴趣，而是由教师的不正确的教育方法造成的。

3. 教师要正确面对学生学习能力不足

人的能力是有差异的，这种差异会导致人们对环境的适应差异。比如，生活中有一种人五音不全，不会唱一首完整的歌，这样的人是音乐能力不足，或者说是音乐学习能力不足。如果有的人对文字的记忆和理解有困难，出现阅读障碍，这就是学习能力不足，或者说是阅读学习能

力不足。

所谓学生的学习能力问题，与其年龄有一定的关系。如果到了一定的年龄，而达不到应有的学习效果的话，才是真正的学习能力不足。其实，学习能力的不足正如其他方面的能力不足一样，是不以人们的意志为转移的，是客观现实存在的。有些学生的学习能力不足是因为有器质方面的疾病，如听力障碍、阅读障碍、视觉记忆能力低下等；但大部分学习能力不足的学生有心理行为问题。作为教师，当发现学生能力的不足，或发现学生特别不愿意做某一件事情时，正确的方法是找出原因，并想办法进行解决。

第七节　音乐治疗

音乐具有调节生理、心理的功能，能改善人体功能，促进身心障碍恢复，提高学习效率。从古希腊时代起，人们就知道音乐具有治疗作用，但是真正把音乐作为科学的治疗方法用于医疗、教育、功能训练等领域是在20世纪中叶。1950年，美国组织音乐家自愿者，成立了全美音乐治疗协会，音乐治疗这一用语最初在这里诞生了。数十年来的实践证明，在对学习困难学生实施教育指导时，音乐治疗是一种行之有效的辅助治疗方法。

一、音乐治疗的特性

人们经过近半个世纪的研究，将音乐治疗的特性归纳为以下6个方面。

1. 音乐不需通过智力过程，能直接使情感发生变化。

2. 音乐容易给人的酷爱带来满足，使人得到美的感受。

3. 音乐能够调节人的精神情绪，音乐是使情感直接发散的一种方法。

4. 音乐能诱发身体运动。

5. 音乐是一种交流，集体音乐活动能够培养人的社会性。

6. 音乐有一定的规律性，且种类繁多，适用范围广。

根据音乐所具有的以上特性，人们利用音乐本身给予人身心的影

响，采用听音乐治疗和参加音乐活动疗法，促进身心障碍的恢复。这里必须强调的是选曲对治疗起决定性作用。要充分研究其对象的特性和对音乐的体验、记忆、爱好等一些个体因素，选择有效的音乐活动。

二、音乐对学习困难学生的治疗作用

日本学者绪芳千加子在其长期研究中，把音乐对学习困难学生的治疗作用总结为以下 10 个方面。

1. 以学习困难学生的音乐感为线索，促进其集中注意力。
2. 培养学习困难学生对做好某件事情的持续性，提高自我控制能力。
3. 提高学习困难学生的听觉接受能力和记忆力。
4. 训练学习困难学生进行粗大、精细运动的协调能力。
5. 提高学习困难学生的听觉、视觉、运动的综合能力。
6. 增强自发性表现力。
7. 在对数的认识、算术、读、写和与课程学习有联系的基本技能方面，给予学习困难学生援助。
8. 抑制学习困难学生有问题行为的产生。
9. 培养学习困难学生与指导者以及与他人的协调性，提高学习困难学生的社会性。
10. 促进学习困难学生情绪的安定，预防发生继发性障碍。

三、音乐治疗的具体做法

1. 个人音乐治疗

根据个人需求和适应能力，选择音乐的种类，达到治疗目的。

2. 参加集体合唱、合奏等集体音乐治疗

有效地利用集体之间的交流，达到治疗目的。

在学习困难学生中，对美妙动听的音乐表现为丰富情感的学习困难学生绝不是少数。音乐治疗特别对伴有注意力欠缺、多动障碍和自闭行为类型的学习困难学生以及听觉性认知能力优于视觉性认知能力类型的学习困难学生问题的改善效果较为明显。

在对学习困难学生进行音乐治疗前，最好要对其进行音乐能力检查，这是非言语性能力检查中的一种能力检查。通过对学习困难学生的能力检查，了解其发育情况和认知过程方面的障碍，还有必要根据心理、医学检查的结果，与各领域的专门指导者交流信息，再考虑做其他必要的检查。

音乐治疗的最大优点是在愉快的气氛中达到治疗目的，需要注意的是，要经常了解训练对象的心情，听取他们的意见，随时进行调整。对学习困难学生用语言不能表现的感情和需求，要能及时察觉，并对其采取措施，从而提高治疗效果。

第八节　注意事项

根据学习困难学生认知、行为的特性，采取正常学生标准化的教育指导的内容、方法和形式，对学习困难学生来说是不合适的。最适合正常学生学习的教育环境，对学习困难学生来说可能是最差的环境。也就是说，一般的教育环境，有可能助长学习困难特性的发展。

目前，大部分学习困难学生在普通学校随班就读，因此，必须对每一个学习困难学生的认知问题、课程学习问题和行为问题进行充分的评价和诊断，并根据其评价诊断结果发现并重视其个体差异，在此基础上，制定个别教育指导计划。对在普通学校学习的学习困难学生，教师在教育指导过程中，应注意以下几点。

一、认识学习困难学生的真实情况

学习困难学生不仅表现为各种各样学习上的困难，还表现为注意力不集中，感情易变、多动、不灵巧、行为方面的问题等等。这些问题并不是由于学习困难学生自身努力不够或懒惰所致，也不是由于父母养育的问题。而是由于中枢神经系统即与认知有关的某些脑功能的障碍所致。

因此，家长、教师对学习困难学生的理解是非常重要的。可是，在现实生活中，有的家长和教师往往忽视了学习困难学生的特性，不切实际地超出孩子所能接受的能力，过高地要求孩子，长期过分地加重孩子

的学习负担，这样只会使孩子丧失自信，学习成绩越来越差。应很好地把握学习困难学生学习迟缓和行为上的问题是来自哪方面的发育问题，从而采取适当的措施，给予学习困难学生切实的关心和帮助。如果遇到学习困难学生即使努力去做也不能很好完成的情况，不能横加批评，只能耐心地教其如何去做好。

因为孩子内心希望自己能懂，能做好，成为一个好孩子，希望得到表扬，这就需要教师付出比教育其他孩子更多的努力去教育指导这些学习困难学生。例如，对不能安静的学习困难学生，设法准备一个使他容易安静下来的场所，当这个孩子乱开玩笑时，不能有助长这个孩子乱开玩笑的氛围，设法使这个孩子参加集体活动，自然地接受这个孩子等。

为了有效地进行教育指导，有必要从各种角度多方面把握实态。特别是班主任，当发现某个孩子注意力分散、不安静时，要多加思考，这个孩子为什么注意力分散，为什么不安静，从而确切地把握这个孩子的实际问题。

二、针对具体问题采取相应对策

要使学习困难学生能够适应社会，必须要培养其必要的学习热情和对社会生活的积极探索态度。因此，在班级里，教师要善于发现学习困难学生在学习方面的长处，了解学习困难学生擅长哪门课程，喜欢哪一个领域，哪个部分容易理解，从而在日常的授课中，找到学习困难学生与其他孩子能够一起完成的课题。

寻找机会，让学习困难学生将擅长的事情在全体同学面前展示，提高周围人对学习困难学生的评价是十分重要的。一方面考虑学生的心情，另一方面对学习困难学生进行掌握社会技能的指导，充分尊重学生个性的发育。应根据每一个学习困难学生的特性，制定教育指导计划，确定教育指导目标、内容和方法，在教育指导过程中根据每一个孩子的需要，及时修订教育指导计划，更换内容和方法，提高教育指导效果。

三、注重学习能力的补偿

学习困难学生在普通学校学习，教师在授课中即使给予学习困难学生很多的关心，学习困难学生也仍然会有许多不能够理解的问题和学习困难。如果对此置之不理，学习困难学生将会与其他孩子在学习上的差距越来越大，因此需要在课外和放学以后对学习困难学生进行个别教育指导。

学习困难学生与同年级的孩子相比，语言能力发育迟缓，不能控制自己的行为和感情，常常和其他孩子发生纠纷。对这些孩子采取 4 人一个学习小组进行学习，除了课程学习以外，还要进行社会技能的学习。

通过小组授课方式，训练孩子按照顺序和朋友配合，进行操作活动。同时将自己的意见传达给对方。通过学习活动，培养与别人交往的能力和自我感情控制的能力。培养对各种学习活动的耐心，使孩子善于表达自己的意见，接受对方的意见，使孩子具有自信等。

四、准备适合的教材和教具

对于学习困难学生的教育指导，必须在教材、教具上下工夫。有的学习困难学生在课堂上即使能听，但理解记忆的能力较其他孩子弱，不能按指示去做、喜欢玩手，为了改善上述症状，教师必须在教材、教具上下工夫。例如，制作容易通过看理解的教具，给予孩子视觉性的援助，简洁地提示顺序，对小步骤进行指导等。

教材、教具的准备要考虑学习困难学生的学习特性并结合教学内容进行研制，这一点很重要。为普通孩子制作的文字多、插图多的教科书对学习困难学生是不适用的，学习困难学生使用的教科书中有必要的文字和图即可。为学习困难学生准备教材、教具及进行教育指导时，具体注意事项如下。

1. 选择用简单的指示就可以理解的教材。
2. 教学活动所需要的教具全部放在手边。
3. 安排延长孩子注意力持续时间的课题活动。

4. 不轻易让他们失败，准备由浅入深的问题，减少抽象概念的讲解，便于他们学习、理解。指导学习困难学生处理具体的事物，让学习困难学生取得成功的经验。无论安排什么课题活动，应尽可能从最初阶段出发，让学习困难学生完成了必要的准备知识的学习后，再开始下一个课题的学习。

5. 每次规定学习困难学生做的事不要太多，不要重复让他们做类似的事。

6. 尽可能采用各种方法，开展有关学习活动，从不同的角度来进行指导，让他们积极接受新事物。

7. 为使学习困难学生注意力持续，可在教材，教具上想办法，设法制作能够发挥学习困难学生学习积极性的教具。

五、多方合力对学习困难学生进行指导

目前，对学习困难学生进行一对一的个别化教育指导尝试，不同的对象，其教育指导的内容、方法、时间和步骤等各异。在整个教育指导过程中，教师、家庭、专业机构需要密切的协作、相互配合，随时交换信息，以使教育指导取得明显的效果。

例如，运动和动作有障碍、手指动作不自然的学习困难学生，整体肌力低下，姿势保持困难，集中注意力短暂，需要学校、家庭、专业机构的密切配合，对这个孩子进行矫治。在学校里，要求该孩子与前面的孩子一样“腰背挺直”、“胳膊肘不要支撑在桌上”、“挺直腰，坐正写”，分阶段地进行训练。在家里，与父母一起游戏，增加在户外活动的机会。在功能训练室，对身体整体肌力弱者制定训练计划，通过分阶段的训练提高其能力。

从各个不同的角度互相配合，发挥各自的作用，从而给予学习困难学生有效的援助，同时，要注意减轻家庭和班主任的精神负担，在宽松的氛围中，对学习困难学生采取相应的对策。

第五章　学习困难的早期干预

我们知道，学习困难可见于任何年龄，并且开始于发育的早期阶段。换句话说，学龄前儿童存在学习困难。据日本学者腾本健调查显示，约2/3的学习困难学生的家长报告：孩子在3岁前的婴幼儿保健检查中，曾被诊断为异常现象，其中44.4%的孩子被诊断为学习困难，46.7%的孩子被诊断为其他疾病。

神经生理学、发展心理学、行为分析学、教育学的观点认为，婴幼儿中枢神经组织具有可塑性，因而进行早期干预效果显著。在对学习困难学生的早期干预中，个体化的认知功能训练是基本的治疗方法，关键是要有较强的针对性，才能保证治疗的有效性。

第一节　理解和支持学生父母

对学习困难学生的早期干预中，父母扮演着重要的角色。为了发挥父母在学习困难学生早期干预中的重要作用，需要对学习困难学生父母给予理解和支持。

一、给予学习困难学生父母理解

学习困难学生父母常常这样说：正常儿童的父母是不会理解我们有障碍儿童父母的心情的，可见他们是多么渴望得到他人的理解和援助。

日本植村新美编制《父母烦恼检查量表》，对特殊儿童的父母进行了调查，发现父母的烦恼主要有：

（1）家庭之外的人际关系产生的烦恼。

（2）特殊儿童的行为问题产生的烦恼。

（3）对特殊儿童发育的现状以及将来的不安产生的烦恼。

（4）围绕特殊儿童父（母）子关系产生的烦恼。

（5）父母自身价值实现受到阻碍产生的烦恼。

上述因素可归纳为特殊儿童的属性、家庭的属性、父母的属性以及与他人关系（亲戚、朋友等）等属性因素。由于关系到特殊儿童现在和将来生活的各种各样的问题，造成了父母的烦恼。

特殊儿童父母的心理、心境和养育态度在错综复杂的因素、问题中慢慢地发生变化。可是，这种变化并不一定是向前发展，根据人生的不

同阶段和状况的变化，一进一退的情况也不少。

对于大部分特殊儿童家长来说，当发现子女有问题时，他们的情绪会变得十分不稳定和容易激动，而这时恰恰又是儿童矫治的关键时期，所谓病急乱投医，这时期如果没有恰当地给予家长有利的支持并及时调整他们的心态，很可能对孩子以后的发展造成不利的影响。因此，在发现问题初期，家长不仅需要针对孩子的问题进行咨询，更要对自身的心理压力和心理障碍进行咨询，及时调整心态。

此外，我们还应该特别注意特殊家长群体的心境变化并及时了解他们的需求。如从城乡家长心境变化对比的结果来看，乡村家长虽然表现得更为“积极”，但这种积极的背后更多的是一种“无奈”和“无助”。而由于城市特殊儿童家长的期望值一般比较高，因此在残酷的现实面前表现出的消极情绪相对乡村家长要更强烈一些。所以，针对这种情况，我们需要为城市特殊儿童家长提供更多的心理辅导，而对乡村家长提供更多的经济支持、专家指导等。又如，从不同家庭结构角度考虑，我们应该更多地去关注“单亲家庭”，因为从心境变化来看，单亲家庭的家长表现出了更多的“无助”，在生活上也要面对更多压力．特别需要社会的支持。

二、给予学习困难学生父母支持

学习困难学生父母的心理具有极其深刻的问题，决不能忽视对学习困难学生的父母给予理解和援助。单方的劝说指导，学习困难学生的父母可能会拒绝（虽说知道了，但有可能心理上拒绝，甚至反驳）。我们往往忽略了学习困难学生父母的心理问题。对学习困难学生的父母不断地给予很多指示，并要求给予配合，尽管为孩子好，但学习困难学生的父母往往否定自己的孩子有障碍，在学习困难学生的父母无法接受这一现实时，作为医生、老师或专业人员要以一种生活顾问和心理咨询者的姿态，帮助分担他们的烦恼，站在学习困难学生父母的

角度，和他们一起去思考对生活应有的态度。

在治疗教育的当初，尽管十分清楚地了解学习困难学生的行为问题和发育迟缓的部分，但是，原则上还是暂缓直接地告诉学习困难学生的父母，为要求学习困难学生的父母配合，尽可能地将其儿童的优点，哪怕是微小的进步和努力作为话题与他们交流，以帮助他们改变对自己孩子的看法。当孩子取得某种程度的进步时，学习困难学生的父母自身精神上多少得到一些安慰，当他们心情释放、自发地谈起关于自己孩子的话题时，此时比较明确地给予指导和帮助，父母较容易接受。

应逐步有计划地对学习困难学生的父母进行具体援助和给予参加相关活动的机会。具体做法如下。

(1) 开展谈心活动。将学习困难学生在幼儿园、学校的表现以及保育、教育的情况和其父母进行交流，除此之外，也可和学习困难学生的父母说说日常生活的事情。

(2) 参观保育，进行母子游戏，以理解儿童的发育状态和集体行为，学习与儿童的接触方法和游戏方法。

(3) 开展咨询活动，给学习困难学生的父母提供与专业人员进行对话和讨论的机会。

(4) 有关学习困难学生治疗、训练和教育设施的参观、学习。

(5) 参加父母会以及其他的娱乐活动，调节情绪。

(6) 为学习困难学生的父母提供老师、学生、家长三方联谊活动的机会。

近年来，对学习困难学生早期干预理论和方法的研究备受重视。根据学习困难的不同类型，有必要成立特殊教育教室和一些功能训练室，提供亲子同室的机会，让学习困难学生的父母定期参加特殊学习和训练，在这样的氛围中，父母自然地接受对自己孩子的指导和训练。一般来说，在保育的现场，是以每一个学生全面的成长发育为目标进行指导训练，从中父母能够了解学生身心的功能和发育情况。父母往往很重视专家的咨询和指导。

保育员、教师要在日常的保育、教育过程中，为学生全面的成长和发育，发挥自己应有的作用。身体性、生理性的特殊障碍和疾病需要去医院医治，除此之外，身体运动功能和一般的发育包括语言、社会性、精神的发育，日常的保育、教育很重要，这是对学习困难学生父母的切实援助。

第二节　学龄前儿童的早期干预

由于导致学习困难的原因是中枢神经系统功能失调，这种失调必定在某种程度上影响学生其他方面的发展。目前，教师或家长怀疑一个学生是否存在学习困难，仍主要以他的阅读、写作、算术等学习技能的异常为依据。而这些技能通常要到学龄期才被大规模应用，只有学习困难学生的学业成就与其本身的智力水平极不相符时，这些技能的异常才会突出表现出来。所以诊断婴幼儿是否有学习困难，是相当困难的。

但是，学习困难并不只在学业上表现出失败，在学业失败之前往往表现出一些方面的问题，如动作发展迟缓、语言发展问题等等。因此，在婴儿期可以预测这个儿童有无学习困难的可能性，一旦发现有学习困难的倾向，要及早采取措施，这对儿童来说十分重要。

一、学习困难学生早发现的途径

1. 生育史、病史、家庭史检查

某些已知可以引起损伤的事件与以后学习困难之间的关系已被证明。如母亲妊娠期间的出血、酗酒、服药、疾病或营养不良等；产程过长或过快、难产、早产、臀位产或羊水早破、铅中毒、药物中毒、严重营养不良或头部外损伤等，这些因素造成一个学习困难的高危人群。另外，研究已经表明学习困难是可以遗传的，所以，在对学习困难的早发现过程中，家庭史的检查是非常必要和重要的。

2. 医学检查

医学检查是对儿童神经系统结构与功能进行检查，是一个相当客观的指标，也是学习困难早发现的一个重要途径。检查方法有脑电图、心电图、CT、MRI 等。这类检查必须与其他方面的诊断相配合，儿童在这些方面检查结果的异常只是增加了学习困难潜在的可能性，当然结果正常也不能说明没有潜在学习困难的可能性。医学检查只是提供一些客观的数据，至于如何对它们进行解释，与学习困难的相关程度，还需要进一步的研究。

3. 智力量表

研究已经发现，韦氏学前儿童智力量表的信息测验（测科普知识）和句子测验（测复述渐进复杂句子的能力）在预测儿童的阅读表现上有很高的准确率。

4. 动作、行为的观察

婴幼儿某些看似因为年龄小而不能顺利完成的行为实际上是学习困难的一种表现。如幼儿对他人说话没有反应，如果这些话是适合于他的年龄阶段的，可能并不是由于贪玩，而是存在言语理解的障碍。幼儿不会搭积木、玩拼图，可能不是由于智力落后，而是存在知觉运动障碍；幼儿很容易被外界事物干扰，这便有可能是注意力缺损。作为学习困难的原因之一的感觉统合失调常在幼儿身上的表现可能就是运动功能拙劣，不能和其他儿童一样单脚跳、隔步跳，不能走平衡木，接不好球，或者屡碰器具及他人等。

日常行为观察是观察儿童的最佳方式，父母是观察儿童的最佳人选。当儿童在相应年龄阶段出现种种的偏差行为时，父母可能没有觉察到，或者即使觉察到了，也常常以各种想当然的理由去解释而忽略了，以至于错过了早期干预的时间。所以，父母对幼儿行为密切的注意和观察是十分重要的。如果经过仔细观察和认真分析，怀疑儿童有学习困难的可能性，必须及早采取干预措施。

早期干预在一定程度上依赖于早发现，发现越早、越准确，早期

干预就越及时、越有针对性，也就越有成效。在儿童的早期生活中，最重要的莫过于父母，要使早期干预取得成效，父母不仅必须付出相当大的努力，还要选择正确的教养方式，以取得理想的效果。

二、提供足够的营养

婴幼儿期是人的一生中生长发育最快的时期，对各种营养的需要量相对较大，也更容易缺乏。早期发展阶段的营养不良可造成婴幼儿的发展迟缓，尤其是对脑的发育有影响，这和学习困难有着间接的关系。

科学喂养，平衡膳食，培养良好的饮食习惯是提供足够营养的保障。在婴幼儿时期应大力提倡母乳喂养，按时添加辅食；提倡食物来源的多样化，粗细粮的交替，荤素菜的搭配，五色菜的搭配，饮食定时、定量、不偏食。必要时还可以根据孩子的自身情况，在医生等专业人士的指导下，补充一些营养制剂。

三、培养儿童自我控制能力

自我控制的能力是在儿童日常生活中培养出来的，在婴幼儿期，有规则的生活习惯十分重要。在每天的生活中，要规定儿童的行为，从吃饭开始训练儿童，在规定的场所、时间里，让儿童摄取营养平衡的膳食，并规定儿童在一定的时间内吃完，每天重复这样做，是培养儿童自我控制能力的最好训练。

即使他一开始做得不好，也不要着急，要相信孩子，一步一步地来，不要急于求成，给孩子压力。如果家长一味批评、训斥儿童，就会适得其反。

四、培养儿童手指的运动能力

儿童的动作和身体协调能力是认知的基础。如果儿童跳过某一个运

动发展阶段，将来有可能产生学习问题。大多数学习困难儿童表现为笨手笨脚，运动协调性差，这种情况可以通过早期干预得到一定程度的改善。

1. 发展身体协调技能

翻、滚、爬、走、跑、滑、跳、抓球等这类活动能提高儿童的忍耐力，能促进儿童形成积极的身体表象并提高身体平衡水平。使用球、圈、沙包、绳、毽等玩具可以引发儿童进行运动的欲望，使他们在运动中表现出主动性与积极性，使身体得到全面的锻炼。

2. 训练手指的运动能力

除了身体协调能力之外，对学习困难儿童进行手指训练也很重要。在日常生活中，使用手指的事情很多，例如穿脱衣服、卫生习惯、用餐等。笨手笨脚的儿童，常常在母亲的帮助下完成某一动作，这样做，儿童得不到锻炼，手指的运动能力只会越来越差。对这些儿童，需要父母注意培养他们自己独立去完成力所能及事情的能力，培养他们自立的习惯。

首先，可以在家中摆放适合的玩具，如小汽车、积木、拼盘等，吸引孩子的注意，培养儿童对操作物体的兴趣。保护孩子的“破坏性”，当他动手去拆某些物品时，父母不要加以指责和阻拦。

其次，鼓励孩子吃饭使用筷子而不用勺子，自己穿脱衣服，解系扣子、鞋带等。弹琴、画画、涂色、剪贴等活动有助于儿童动手能力的发展。

另外，使用手指的游戏也很多，例如我国传统的折纸手工、抛石子（玩沙袋）、打石球等等。这类游戏，由父母和儿童一起玩，不但能使儿童手指运动能力得到十分重要的训练，同时也能够促进儿童的情绪发育。

五、培养儿童的语言能力

学习困难常常是学龄前言语或语言障碍的延续，所以培养婴幼儿的语言能力是对学习困难儿童进行早期干预的重要方面。左脑真正承担语言开始于5岁左右，所以5岁以前损伤任一侧大脑都不至于造成语言能力永久性丧失。语言能力培养的时间可以早到0岁，因为婴儿已能感受声音刺激并做出反应，能辨别言语和非言语。为此家长可以做以下几点。

1. 促进语言的理解

婴儿在会说话前，首先是对语言的理解。理解能力是听觉语言学习的第一阶段，儿童在能够说话之前，就能理解。语言意思的学习，是所有的语言学习中最重要的环节。要使儿童语言能力得到发育，不仅要让儿童记住事物的名称，还要让他们理解状况和抽象概念。语言不光是在课堂上教，在日常生活中，也要给予儿童必要的语言刺激。

2. 创设语言环境

一个丰富、轻松、有趣的语言环境，能使孩子在收到足够多的语言刺激的同时，增强他的语言理解能力。如可以把语言文字的描述与直观形象材料的展示相结合；可以一边做一边说，以反复强化物品、动作和语言的联系；让孩子多听成人交谈；另外，书面读物也是一种很好的语言刺激，家长可以拿着书给孩子讲故事，亲子共读，从玩书到读书，对孩子的语言发展很有帮助。

有的孩子根本不听父母的话，很少到父母面前来。对这些不能安静、多动的儿童，要控制、改善他们的症状，最重要的是给他们创造亲子语言交流的环境，使他们加深对语言的理解，促进他们的语言发育。

3. 多和孩子说话

父母和儿童在一起时，一方面可以多找机会让儿童对各种事物和状况进行理解；一方面可以进行一对一的对话，这对儿童的语言发育十分

重要。事实证明，父母攀谈多，婴儿喃喃自语也多。具有听觉障碍的父母，培养出来的儿童语言发育大多是迟缓的，这是由于来自父母语言刺激少的原因。

近年来，出现了一个不好的现象是，家长让儿童看电视的时间多了，而和儿童进行语言交流的时间少了。有的家长忙于工作，和儿童接触少，这样做，对儿童的语言发育不利。儿童的语言发育、情绪发育是从家长和儿童一对一的语言交流开始的，父母要尽可能地密切接触儿童，主动和儿童攀谈，接受儿童，理解儿童的行为，即便不是疑似学习困难儿童，也有益无害。

4. 鼓励孩子说话

通过对话可以检验和培养孩子的言语理解能力，激起孩子说话的兴趣。应鼓励孩子用语言表达自己的想法，但不要强迫；对于孩子开口说话，哪怕是一个词，父母也要给予及时的反馈，可以是语言的表扬，也可以是微笑或拥抱等方式的表达。应善于用这种强化的方式有选择地奖励儿童对成人语言的模仿和他的语言中符合规范的部分，但不要刻意地去纠正其语言中的错误。可以通过玩游戏的方式让他模仿父母说话，如角色游戏；可以让孩子多和其他孩子接触，因为他们之间通常有说不完的话。

总之，婴儿期是发育的基础时期，无论是对正常儿童还是对学习困难儿童来说，都是人生的一个十分重要的时期，对今后的发育成长起着关键作用。在这个时期对学习困难儿童的早期干预是可行的，是帮助学习困难儿童今后适应学习乃至帮助适应社会的最佳途径。对学习困难儿童的诊断越早，便能越快地制定出方案进行干预；如果能识别学习困难发生高危的儿童，及早采取干预措施，给予体贴入微的关怀，就可以阻止学习困难的真正发生。

第三节　学校、家庭和社区的共同干预

学习困难学生需要教师、家长、社区内周围人的理解与接纳，对学习困难学生的早期干预，需要学校、家庭和社区的密切配合。

一、学习困难学生早期干预面临的困境

1. 对学习困难的认识普遍不足

无论是学校老师，还是孩子家长，普遍对学习困难不甚了解，或是认识有错误，使得学习困难学生常常遭到误解，而受到不当的待遇或责罚，这对于学习困难学生的人格成长、心理健康造成很大的影响。

学习困难学生在学习方面是一个矛盾体，个体间内在的潜能差异很大，有待挖掘和开发。学习困难学生需要特殊的教学策略和措施来引导他们学习，经过适当的教育指导，他们完全可能成为某一方面很有成就的人。如英国前首相丘吉尔、美国的石油大王洛克菲勒、美国影星汤姆·克鲁斯曾经都是学习困难者。

2. 各个领域的研究未能协调进行

学习困难因牵涉到语言、文字等方面的障碍，因此，我国学习困难的研究就不能照搬国外英文语系的研究结果，需要国内专家学者根据学习困难学生所表现的中文障碍特点来研究适合我国国情的教育指导策略。

目前，国内医学界、心理学界、教育学界等领域从各自的学科角度

对学习困难进行了一定的研究，但跨学科的综合研究开展甚少，使得对于学习困难的诊断、安置、辅导等措施无法落实到位。

3. 忽视学习困难学生的教育

美国的一项调查表明：自杀儿童、辍学儿童、不良少年、监狱囚犯、无业游民等社会边缘人群中，学习困难学生比例特别高。

有关学者分析，中途辍学的学生中，有相当比例的学习困难学生，因为学习困难学生在学校、家庭和社会上长期遭受挫折和误解，许多学生厌学，有的选择中途辍学，成为社会中的不稳定因素。

学习困难学生在恶性循环的社会环境下，会对自己失去信心，自暴自弃，往往成为社会的隐患。根据统计，学习困难学生的辍学率、自杀率与犯罪率较一般同年龄人高，因此，社会、学校和家长应积极介入，打破这个恶性循环，避免学习困难学生的命运落入这种结局。

学习困难学生需要教师、家长及社区内周围人的理解与接纳，这样可减轻学习困难学生的受挫感，促使其回归社会，这对于学习困难学生潜能的开发起着非常关键的作用。

二、学习困难学生与学校

学校应协助家长了解学习困难的成因、症状与正确的处理方式，培养父母正确的教养态度，鼓励父母参与学习困难学生的治疗与教育，提供咨询渠道，举办各项讲座，召开座谈会，协助解决父母所面临的问题。

作为老师，应该帮助学习困难学生找到合适的学习方法，并以积极的态度对待他们，多表扬、多鼓励，其学习热情和能力一定会显著提高。必要时还可找有关专家或医生对学生进行学习能力的诊断与咨询，如果条件允许，还可到专门的学习能力训练场所进行特殊的有针对性的训练。

对于学习困难学生的教育安置，当前世界范围内存在着以下几种方式。

1. 普通班

普通班是最少限制的教育环境，却也是最少特殊教育服务的教育安置，通常都是学习功能较佳或障碍程度较轻的学习困难学生才会被安置在普通班。在普通班的学生也有可能是尚未被发现的学习困难学生，或是家长不愿学生接受特殊教育的学生。

2. 资源班

资源班是介于普通班与特殊班之间的教育方式，主要是以普通班的课程表为基础，提供补救教学或其他教育服务。安置在资源班的学生仍然以在普通班学习为主，在普通班的时间不得少于40%。

3. 资源教室

当学生在学习上出现某种程度的困难时，相关人员可以填写申请表，由辅导室或资源教室，提供特殊教育诊疗与补救教学服务。一般而言，除情况较严重的学习困难学生以外，通常都将此类学生安置在一般学校普通班就读。

4. 特殊班

特殊班是学校为学习困难学生最早采取的特殊教育服务方式。通常特殊班的人数较少、规模较小，因而学生的特殊需求不易忽视。多数学习困难特殊班为单一类别的，但也有部分跨相关类别的。

5. 特殊学校

专为学习困难学生设立的特殊学校在美国多为私立学校。有些学生全日制在特殊学校就读，有些学生则只有部分时间在特殊学校接受特殊教育，其他时间在普通学校的资源班或普通班就读。目前国内尚未出现专为学习困难学生设立的特殊学校。

三、学习困难学生与家庭

有些家长不能理解发生在儿童身上的种种学习困难问题，不尊重儿

童，认为训斥、打骂都是疼爱儿童的表现，缺乏与儿童一起游戏、沟通的艺术，过分限制儿童活动、交往的范围，过分包办等，这些做法造成了许多儿童心理问题。目前，学习困难学生的家长对儿童的态度存在两个误区。

一个是知道儿童学习上有困难，但没有合适、有效的解决方法。他们对儿童常常是评价“你这样不对”、督促“你再快点”和责问“你怎么那么笨”，结果令家长和儿童都焦虑不安。

一个是对儿童训练盲目，无的放矢，缺乏科学性。这类家长大多文化素养较高，喜欢收集各种新的教育方法，热衷于让儿童接受各种各样的训练，但是有些训练并不适合自己的孩子，过度了也会让儿童厌烦，结果事与愿违。

那么，家长对待学习困难儿童的正确态度应该是怎样的呢?

1. 家长要仔细观察自己的孩子

学习困难并不是无迹可寻的。细心的家长如果在儿童的日常生活和学习活动中留意的话，就可能发现许多线索。根据不同障碍类型的表现特征来分析自己孩子。以下是学前儿童常见的一些障碍类型及相应表现。

（1）感觉统合障碍：患有感觉统合障碍的儿童往往动作不协调，走路姿势难看、常常摔跤，容易打翻东西，弄脏或损坏衣物、作业本，对前后、左右、上下等方位辨别困难，时间知觉较差，甚至无法说出时间等。儿童动作的发展是其所有实践活动发展的基础，所以感觉统合障碍必将会影响其他学习能力的正常发挥。

（2）听写障碍：这类儿童在听知觉能力和视知觉能力方面存在障碍，听不全别人说的话，记不住老师讲课的内容，不知道家庭作业是什么，对语句听得颠三倒四；写字时看一笔写一笔，做作业的时间很长，写字常常不是多了一画就是少了一笔，部首张冠李戴；有时难题可以解出来，简单的计算题却发生错误。这种儿童最易受到老师和家长的误解，认为他们学习态度不好，经常给予批评和惩罚。对于这种学习能力

的障碍，需要进行有关的视知觉、听知觉训练才能见成效。

（3）阅读障碍：这类儿童往往阅读速度特别慢，停顿次数太多，朗读时增字或减字，前后颠倒、跳行，记不住字词，提笔忘字，对短语的成分划分不准确，作文写作语言干巴。他们常逐字阅读，将字当作一个没有意义和语音的图形来死记硬背，阅读时不能自动地将字转换为语音，读后不能回忆阅读的内容，听写成绩差。具有阅读障碍的儿童多在视知觉能力上存在偏差，听知觉理解能力差，听或视知觉速度太慢也是原因之一。

（4）数学学习困难：这类儿童在数学计算或数学应用题的理解上有困难。表现为口算能力差、不理解某些特殊运算的基本概念，计算过程中常忘记进位和错位，忽略小数点或不理解运算符号，读题时不知其所以然、空间推理较差，因此遇到计算题和复杂一些的数学或物理题就不会解。

（5）注意力障碍：患有注意力障碍的儿童，他们上课不听讲，难以较长时间地集中注意力，经常做小动作，坐不住，上课学习时经常疲倦，一下课则很兴奋；喜欢捉弄别人，自控力差，经常跟比自己小的儿童一起玩，显得十分幼稚。家长通常怀疑这样的儿童有多动症。大量的研究表明，这类注意力障碍儿童的病因是由于脑功能轻微失调引起的。

（6）不良的生活习惯：不良的生活习惯会造成不良的学习习惯。譬如有的儿童刷牙要20分钟，上厕所要30分钟，学习上也必然拖拖拉拉，再加上家长平时也不加督促，会逐渐影响学习能力的发挥。

（7）缺乏沟通能力：有的儿童胆小怕事，虚荣心强，与老师、同学的沟通不够，学习上有什么困难，不主动向老师请教。

有些学习困难儿童可能具有不同类型障碍的多种表现。需要注意的是，家长开始意识到自己的孩子学习成绩不好，不是由于“贪玩”、“不用功”、“不长记性”，而是与儿童存在某种学习能力障碍有关，不应仅根据具有其中的一两种表现就断定儿童有学习困难，最好找专家或医生进行咨询诊断后再“对症下药”。

学习能力通常表现为一个从低到高的发展顺序。最基本的学习能力是感觉动作能力，包括平衡、协调、方位感，儿童通过身体运动的感觉来接触世界，从而理解这个世界。接下来就是知觉—动作统合能力。儿童在动作能力的基础上，形成听知觉和视知觉，学会辨别对象与背景，记忆图形，分辨点、线、面，或者辨别不同的声音，记住语言，这种能力是学习的基础。在此之上，才能形成阅读能力。阅读首先要求对文字的辨认，而这是以知觉能力为基础的。视知觉的速度、眼球运动的速度均与阅读有一定的关系。阅读能力发展之后，才可谈及数学逻辑思维能力和推理能力，如应用题的解答取决于阅读能力的提高。最后是自我监控和注意力等高级学习能力的发展阶段。

任何一种学习能力尤其是基础学习能力的落后或不足都最终导致学习成绩的不佳。国内有学者对 130 例 14 岁以下“差生”进行智商测定和跟踪调查显示，只有 20% 学习态度不端正，20% 存在智力障碍，其他 60% 的儿童则是由于存在不同程度的视觉、听觉注意力差、方向感差等学习困难而影响了学习。

评估学习困难儿童时，需要多学科的协调配合，包括医学、心理学和教育学等方面。在对学习困难儿童做诊断及评估时，父母应站在协助的立场，除了本身对学习困难有所了解外，必须提供儿童所有的发育、生活资料以及在家中的生活状况，必要时，需出席诊断及评估会议，对专家所提出的疑问进行说明。只有这样，才能使诊断与评估工作更为准确。

2. 接受自己孩子有学习困难的现实

父母初次听到自己的孩子是学习困难时，心里都会有疑惑，尤其学习困难儿童的平时表现可能和一般儿童无异，更会加深父母的拒绝相信与怀疑。面对自己的孩子被认为是学习困难儿童，大部分父母开始时可能会有较强的反应，此时父母应及时做心理调整。

通常父母最初的反应有以下几个方面：①震惊、拒绝承认；②愤怒不平；③悲伤、羞惭、内疚，不愿提及；④焦虑、害怕、困惑、疑虑；

⑤绝望、无助；⑥伪装、防卫、若无其事；⑦自责、罪恶感。

父母的心理调整：①勇敢地面对现实；②克服压力；③接受学习困难儿童；④树立信心；⑤走入人群、社区；⑥寻求专家、老师及社会的帮助。

3. 父母应了解、关心自己的孩子

对于学习困难儿童的生理、心理状况，父母都应详加了解。父母应知道学习困难儿童并非丧失所有的学习能力，因此，如何开发他们的学习潜能是非常重要的。另外学习困难儿童的社交、人际关系、社会适应等情况，父母都应协助了解。学习困难儿童和一般儿童一样需要被爱和关心，但也要避免太过，以免适得其反，变成放纵。

由于学习困难儿童经常跟不上教学进度，学习上常受挫折。帮助学习困难儿童的首要条件应该是完全地了解并接纳他们，并且能看到他们的优点。例如，非言语性的学习困难儿童通常言语表达很好，听知觉不错，对语言的注意力和记忆力很好；而阅读障碍者也通常具有优越的视觉和空间能力、良好的数学理解力。

当学习困难儿童生活适应上有问题时，有时会遭到失败、反对、疏远等，比如同学关系不好，经常受同学排挤；自我感觉不佳，对自己没信心；固执、冲动；由于听力与语言技巧的薄弱，造成沟通上的困难；经常显得笨拙且害羞；上述行为等常常让学习困难儿童不受老师、父母或同辈朋友的喜爱，因而引发情绪问题。

学习困难儿童除需要父母去了解他们外，更需父母去学会如何照顾他们，由于学习困难儿童的个体差异相当大，因此，家长应建立对学习困难的正确认知；接受学习困难儿童并对其学习有信心；了解学习困难儿童特殊的生理情况及其需要；了解学习困难儿童的心理需要及情绪变化；对学习困难儿童日常行为仔细观察与矫正；给予学习困难儿童课程学习的辅导；了解学习困难儿童社交、人际关系并适时给予辅导；配合学校老师的教学，父母在家做好衔接的家庭教育；能寻求可用的社会资源及协助。

4. 家长应帮助自己的孩子

家长应该从以下几个方面帮助儿童。

首先，家长要认真倾听儿童。无论儿童大小，都有自己的心理，有自己独特的感受，平时多与他们聊聊天，多听他们说话，在倾听中观察儿童的变化，看看他们哪些方面存在问题。

其次，对儿童进行积极有效的行为训练。比如对感觉统合失调的儿童进行听觉、视觉、书写能力、手脑协调能力、注意力等方面的训练等。比如儿童写字时看一笔写一笔，做作业的时间拖得太长，这是视觉动作统合协调能力落后；可让儿童多做图形辨异和仿绘，训练儿童视觉对距离、长短及空间位置的把握；还可让儿童多进行手眼协调的运动，如剪纸、走迷宫等。对年龄较小的儿童，进行拍球、抛接球或跳绳训练，也会有所帮助。

再次，及时疏导儿童认识上的误区，给予儿童解决问题的方法。儿童在学习过程中常因遇到种种挫折和困难，而丧失信心，产生自卑和各种各样的错误认识，这时家长不应只是评价或责备，而应安慰和鼓励，并提出具体有效的解决方法。

另外，作为家长，要让儿童自己的事自己做，锻炼其手脑眼耳的协调能力。

最后，作为家长，要保持良好的家庭氛围，给儿童提供一个有益儿童的身心健康发展的心理环境。

四、学习困难学生与社区

社区是指聚集在一定地域范围内，由一定的数量且具有共同意识、相同习俗和社会规范的社会群体的人们所组成的社会生活共同体。按照经济结构、人口状况和生活方式的不同，我国现阶段主要存在着城市社区和农村社区两大共同体。

社区有着相对独立的社会管理体系和服务设施，是相对独立的地域

性社会，其范围的界定有着不同的标准，农村社区相对单纯，而城市社区通常由两部分构成，一部分是功能社区，主要由企、事业单位和机关、团体等构成；另一部分是生活社区，主要由居民家庭构成。

社区一般具有如下特征。

1. 社区是人们从事生产和日常生活的最基本的环境；

2. 社区具有一定的管理和约束作用；

3. 社区起着一定的凝集作用，社区内的成员具有相互协作和支持的意识；

4. 社区是社会缩影，各种社会现象和问题可通过社区反映出来。为了便于实际工作的开展，在我国的社区卫生服务中，城市的社区一般指街道和居委会；农村社区一般指乡镇、村；

5. 社区应给学习困难学生和学习困难学生的家庭创造宽松的环境。当前，我国社区学习困难学生教育指导的机构及工作方式有如下几种。

（1）机构：学校、各级健康教育所、妇幼保健机构、医疗单位相关科室、社区卫生服务中心（站）。

（2）传播材料：宣传材料、教育指导处方、音像制品、书刊、报纸、当地媒体等。

（3）传播手段：人际传播、大众媒体传播。

（4）传播形式：健康教育宣传栏、宣传展板、健康宣传和咨询活动、媒体宣传、知识讲座、互联网、健康知识有奖竞赛等。

第四节　早期干预的注意事项

为了更好地开展对学习困难学生的早期干预，在采取具体措施时，有必要注意以下几点。

一、把握学生学习困难类型

对学习困难学生进行早期干预，需要把握其学习困难类型。例如，学习上的问题，是属于言语性问题，还是属于非言语性问题。对问题的理解有障碍，其障碍是单一感觉器官内部的问题，还是多感觉之间的问题，还是综合性的问题。根据不同的障碍类型，才能制定出适合他们的早期干预计划。

二、把握学生个性问题

学习困难学生所表现的特性和问题是多种多样的，每一个学生的情况都各不相同，为使他们克服学习上的各种困难，提高读、写、计算等必要的基础技能，改善学生的不适应行为，必须通过个别智商检查、课程学习能力检查、对学习活动的全面评价以及对日常行为的观察，了解每一个学习困难学生的具体情况，把握他们各种能力的特性和在认知、记忆、语言、推理、行为等方面存在的问题。

还有必要了解学习困难学生的发育经过、家庭养育环境、神经学、

视、听觉方面有无异常；有无重复障碍、既往病史、教育史等。这对于根据每一个学习困难学生的特性，研究制定个别早期干预的内容和方法是很重要的。

三、选择有针对性的干预方法

在进行早期干预时，要根据学习困难学生的类型、认知能力的整体水平、接受能力等来选择相宜的方法。如果不加选择地对每一个学习困难学生都使用同样的教育方法，不仅不能促进学习，反而有害，因为偏离的教育只会助长发育失衡。因此，要经常不断地根据每一个学习困难学生的特性以及他们发育过程的变化，制定和适时调整早期干预计划。

例如，有的学习困难学生表现为写字障碍，其他语言性发育没有问题。写字障碍是输出信息的障碍，这种类型的学习困难学生主要是一种后天性的触觉、运动性障碍。完成写字这一动作，需要具有对视觉信息的分析、统合、记忆和眼、手协调运动等能力。所以对于主要表现为写字障碍的学习困难学生进行早期干预，可以采用与文字和文章视觉信息有关的图和画，通过声音等将其进行语言化，进行眼和手协调运动的训练和多种感觉器官能力的统合训练等方法，实践证明，效果明显。

如果只把汉字的学习作为对他们早期干预的主要目标，就会收效甚微，甚至那些被给予刺激领域的功能会出现异常，而从其他感觉器官进入的言语性乃至非言语性的信息将不能进行很好的统合，出现多感觉之间的统合障碍。

四、重视言语性和非言语性能力的干预

对于正处在发育阶段的学生们，非言语性的经验是处理信息能力的基础，是不可缺少的方面。对后天性失语、读书困难、写字障碍等言语性问题的学习困难学生，固然语言训练是必要的，但为了更好地提高言

语性能力，不能忽视非言语性能力的早期干预。

非言语性学习困难表现为时间（日、月、季节、年）、方向（东、南、西、北）、比较（全部、部分、早、迟、大、小、左、右、远、近）等概念有问题。这种能力有障碍，对言语性能力的发育有着直接的影响。

人们往往把学习能力的问题仅仅看作是言语性能力，这是片面的，我们不能忽视作为其基础的非言语性能力。因为言语性能力和非言语性能力这两者是互相制约的关系，而且年龄越小，两者关系影响越大，因此不能偏废任何一方面。重视言语性和非言语性这两方面的早期干预，这是人们在长期实践中摸索出来的行之有效的方法，对提高早期干预的效果至关重要。

五、注重稳定学生的情绪

学生情绪稳定是学习的重要保证。有的学习困难学生不愿上学，只关心自己感兴趣的事，特别是在老师给他们布置作业时，若不是自己所擅长的功课，常常会拒绝做，有的学习困难学生还会逐渐变得沉默寡言。像这样的学习困难学生，把学习看作是痛苦的事，长此以往，他们的自尊心会受到伤害，甚至产生厌学心理。

因此，在制定早期干预计划时，首先要使学生情绪安定，同时还要注意提高学生学习的热情，经常看到他们身上的优点和长处，赏识他们，使他们充满信心，积极主动地去学习，否则，不管采用什么方法，都将无济于事。

六、重视学生父母的作用

在儿童出生后，母子之间相互作用产生的信赖感、安定感是儿童人格发育的一个重要因素，是儿童生存和发育的基础，也是儿童身心功能发育的基础。特别是在发育的早期阶段，如何使婴幼儿人格得到良好发

育的问题值得重视。

根据对婴儿性格研究的报道，发现从新生儿起，儿童摄食、睡眠、排泄的规律性和对外界反应的快慢、强弱因人而异，人类基本的信赖感是在婴儿期得到父母充分的爱而形成。这个时期，父母希望自己的孩子对信号有灵敏的反应。

对婴儿期的儿童来说，母子是一种共生关系，这个时期母亲给予儿童的爱和儿童对母亲的基本信赖是联系在一起的。母子之间存在这种信赖关系十分重要。特别是6个月到2岁的儿童，最需要和父母长时间接触，若得不到满足，容易引起儿童离开父母的不安，导致情绪障碍。

随着心理学、儿科学的进步，育儿观念在不断发生变化。例如，过去认为母子同寝、抱儿童的习惯不好，影响儿童自主性的形成，而现在强调早期母子相互作用的重要性，实行母婴同室和提倡母乳喂养等，有利于儿童的身心发育。母亲的态度和行为对儿童人格的形成具有重要影响。

幼儿期后，父母开始重视对儿童的教育问题。父母直接教育儿童善恶和行为的准则，儿童有意识或无意识地去模仿父母的行为和态度，儿童的行为也影响父母。在两者的相互作用下，儿童的人格得以形成。不同的家庭教育方法，可以产生不同的教育效果。

采取理解儿童、尊重儿童自主性的民主型教育方法，能够促进儿童产生积极性，使儿童情绪安定，保持友好态度；如果儿童完全能够独立完成的事情，家长也给予帮助，对儿童的要求无条件服从，这种溺爱型教育方法，则会助长儿童产生依赖性，以我为中心，不能适应集体生活；采取不理解儿童，强迫儿童服从命令和指示的专制型教育方法，会助长儿童过分地服从，自罚，产生反抗态度，甚至导致强迫症；常常认为儿童讨厌，在儿童不服从时，给予儿童严厉斥责的拒绝否定型教育方法，会助长儿童产生神经质、攻击性、冷淡、情绪不安定。

由此可见，父母的教育方法对儿童的发育有直接影响，父母是儿童的第一位老师，父母良好的教育方法有利于儿童的健康成长，在对学习困难儿童实施早期干预时，父母有着重要的，甚至是不可替代的作用。